옥수수 박사
김순권

아프리카의 옥수수 추장

옥수수라도 배불리 먹을 수 있다면

알갱이가 총총 박힌 달고 맛있는 옥수수를 가난한 사람들이 배불리 먹을 수 있다면…….
청년 시절, 김순권 선생님은 마음 속에 소원 하나를 품고 좋은 옥수수 개발에 밤잠을 설칩니다. 미국 하와이 대학 유학 시절에는 어찌나 빨리 옥수수를 심고 교배를 시키는지, 모두들 '옥수수 교배 올림픽'이 있다면 선생님이 금메달감이라고 말했습니다. 선생님의 마음은 온통 옥수수로 꽉 차 있었습니다.

▲ 고등학교에 다닐 무렵(앞에서 둘째 줄, 왼쪽에서 다섯 째)

▲ 수원에서 가족과 함께

▲ 방콕에서 열린 유엔 '아시아·태평양 경제사회위원회' (UN-ESCAP) 회의에서 (1975)

▲ 하와이 몰로이카 섬 (1976). 이 곳에서 선생님은 옥수수 55만 포기를 손으로 하나하나 교배시켜 많은 옥수수 씨앗을 거뒀습니다.

아프리카의 옥수수 추장

우리 농촌에서 새 옥수수 품종이 큰 성공을 거두자, 김순권 선생님은 기아에 허덕이는 아프리카 나이지리아로 떠납니다. 그 곳의 '국제열대농업연구소'에서 밤낮을 가리지 않고 연구하여, 기적의 옥수수를 개발해 냅니다. 나이지리아 사람들은 선생님을 '가난한 사람들을 배불리 먹인 사람'을 뜻하는, '마이에군' 이라는 명예 추장으로 모십니다.

◀ 옥수수를 말려 죽이는 악마의 풀 스트라이가

▲ 풍년을 맞은 나이지리아의 옥수수 시장

▲ 나이지리아 '국제열대농업연구소' 시절, 동료 연구원들과 함께

▲ '가난한 사람을 배불리 먹인 사람', '위대한 뜻을 이룬 사람'을 뜻하는
마이에군, 자군몰루 명예 추장에 추대된 선생님

남과 북을 잇는 사랑의 옥수수

'북한 땅에 맞는 새 옥수수 품종을 개발해 낼 수만 있다면……'. 홍수나 가뭄으로 굶주리는 북한 동포들에 대한 소식이 들려 올 때마다 선생님은 안타까웠습니다. 북한에서 가장 많이 심는 농작물은 옥수수로, 가난한 농민이나 노동자들이 주로 먹습니다.

선생님의 꿈은 지금 이루어지고 있습니다. 북한을 오가며 북한 땅 곳곳에 옥수수 씨앗을 심었습니다. 슈퍼 옥수수가 탄생하여 북한의 동포들이 배불리 먹을 때쯤이면, 남북이 하나 되는 날도 성큼 가까워질 것입니다.

▲ 옥수수가 물결치는 북한의 드넓은 옥수수 밭

▲ 북한에서 시험 재배중인, 알이 꽉 차고 잘 여문 옥수수

▲ 1998년 북한 방문 중, 협력사업농장을 둘러보고 있는 김순권 선생님

우리인물이야기 12

옥수수 박사 김순권_
아프리카의 옥수수 추장

2000년 1월 25일 처음 펴냄
2022년 7월 11일 2판 20쇄 펴냄

지은이 • 조호상
그린이 • 이준섭
펴낸이 • 신명철
펴낸곳 • (주)우리교육
등록 • 제313-2001-52호
주소 • 03993 서울시 마포구 월드컵북로 6길 46
전화 • 02-3142-6770
팩스 • 02-6488-9615
홈페이지 • www.urikyoyuk.modoo.at
제조국명 • 대한민국
사용연령 • 12세 이상
주의사항 • 종이에 베이거나 긁히지 않도록 조심하세요.
　　　　　책 모서리가 날카로우니 던지거나 떨어뜨리지 마세요.

· 잘못된 책은 구입한 서점에서 바꾸어 드립니다.
· 이 책의 내용을 쓰려면 반드시 저작권자와 (주)우리교육에 서면 허락을 받아야 합니다.
· 책값은 뒤표지에 있습니다.

ⓒ 조호상, 이준섭, 2000
ISBN 978-89-8040-732-3 74810

이 책의 국립중앙도서관 출판시도서목록(CIP)은 e-CIP 홈페이지(http://www.nl.go.kr/cip.php)에서 이용하실 수 있습니다.
(CIP제어번호 : CIP2006002323)

옥수수 박사
김순권

아프리카의 옥수수 추장

조호상 지음 | 이준섭 그림

우리교육

이 책을 읽는 어린이에게

　무언가를 아주 열심히 한다는 건 참 좋은 일입니다.
　운동회 날 입을 앙다물고 죽을 힘을 다해 달린 적 있나요?
　친구하고 시간 가는 줄 모르고 수다 떤 적은 있나요?
　모형 자동차 조립하느라 낑낑거린 적은요?
　동화책 읽다가 밥 먹는 것도 까먹은 적 있나요?
　이런 모습을 보면 귀엽고 사랑스러워 입가에 빙그레 웃음이 돕니다. 나까지 기분이 확 좋아지지요.

　밭에서 허리 한 번 펴지 않고 김매는 아주머니. 얼굴에, 손에 시커먼 기름을 묻혀 가며 자동차 고치는 아저씨. 밤을 새워 가며 연구하는 과학자들.
　이런 어른들을 보아도 기분이 좋아지지요.
　나만 기분이 좋아지는 게 아니라 세상도 기분이 좋아지지요.

　이런 어른들 때문에 세상이 막 돌아가니까요.
　이 책에는 온 힘을 기울여 옥수수를 연구한 사람 이야기가 들어 있습니다.
　1년 동안 열심히 한 것도 아니고 10년 동안 열심히 한 것도 아닙니다.
　무려 몇십 년 동안 옥수수를 연구했답니다. 지겹다고 한눈을 팔지도, 힘들다고 투정을 부리지도 않았습니다. 온갖 어려움이 닥쳐도 지지 않았습니다. 그래서 끝내는 좋은 일이 많이 생겨났습니다. 그리고 좋은 일을 많이 할 수 있게도 되었지요.
　지금부터 그 이야기를 들려 주겠어요.
　이 이야기를 다 듣고 나면 여러분도 무언가를 열심히 할 수 있는 힘이 불쑥 커져 있을 거예요.

조호상

차례

이 책을 읽는 어린이에게 • 10

아프리카의 이상한 추장 • 14
욕심쟁이 시골 아이 • 21
의자 도둑 • 34
똥장군을 짊어지고 • 51
공부벌레 대학생 • 66
옥수수가 좋아 눈물 흘린 청년 • 82
옥수수 올림픽 금메달 • 94
조국으로 돌아가자 • 106
실패하면 제가 감옥 가겠습니다 • 119
일요일에도 옥수수는 자란다 • 137
아프리카 옥수수의 아버지 • 152
남북을 잇는 사랑의 옥수수 씨앗 • 170

 ## 아프리카의 이상한 추장

　아프리카 나이지리아의 한 마을에서 떠들썩한 잔치가 벌어졌습니다. 고운 옷을 차려입은 사람들이 거리로 나와 북소리에 맞춰 춤추고 노래를 부르고 있습니다.

　마을 사람들이 한 아저씨를 목말 태우고는 어깨춤을 덩실거리며 마을을 돌아다닙니다. 목말 탄 아저씨는 아주 화려한 무늬가 수놓아진 옷에, 손목에는 구슬 팔찌까지 찼습니다. 나머지 사람들은 목말 탄 아저씨 둘레를 빙빙 돌며

노래를 부릅니다.

　이 아저씨가 바로 잔치의 주인공이랍니다. 오늘 이 마을의 추장이 되었거든요. 그래서 온 마을 사람들이 춤추고 노래를 부르며 축하해 주는 것이에요.

　팔찌와 메달은 추장이라는 표시입니다. 나이지리아는 수많은 종족으로 이루어진 나라인데, 종족마다 우두머리인 추장이 있지요. 추장은 마을을 다스리는데, 사람들의 존경을 한 몸에 받는답니다.

　이 아저씨가 바로 그 추장이 된 것입니다.

　"고맙습니다, 추장님."

　"추장님, 우리를 위해서라도 건강하세요."

　어떤 사람은 목말을 탄 새 추장을 바라보며 눈물까지 글썽입니다. 새 추장이 마을 사람들을 위해 무슨 좋은 일을 했나 봅니다.

　그런데 참 이상해요. 새 추장은 어찌 된 일인지 생김새가 다른 사람들과는 영 다릅니다. 다들 새카만 피부에 입술이 두툼한 흑인인데, 혼자만 그렇지가 않습니다. 입술도 두껍

지 않고, 눈에 쌍꺼풀도 없어요. 아무리 뜯어보아도 새 추장은 아프리카 사람처럼 보이지 않습니다. 어디선가 자주 본 듯한 얼굴이에요. 그러고 보니 우리 동네 복덕방 아저씨를 닮은 것도 같고, 약수터에서 만난 아저씨 비슷하기도 합니다.

그럴 수밖에 없습니다. 새 추장은 흑인종이 아닌 황인종이었으니까요. 황인종 가운데서도 바로 우리 나라 사람이랍니다.

우리 나라 사람이 아프리카 추장이 되다니, 어리둥절하지요? 자, 그럼 귀 기울여 보세요. 지금부터 추장이 된 우리 나라 사람 이야기를 들려줄 테니까요.

아프리카의 추장이 된 사람은 김순권 박사입니다.

김순권 박사는 옥수수를 연구하는 농학자랍니다. 아마 세계에서 옥수수를 가장 열심히 연구한 사람일 겁니다. 얼마나 열심이었던지 '옥수수에 미친 사람', '옥수수와 결혼한 사람'이라고 하는 사람까지 있었답니다.

김순권 박사는 옥수수 말고 다른 데에는 별로 관심을 기울이지 않습니다. 이름난 가수나 영화배우 이름도 잘 모릅니다. 머릿속이 온통 옥수수 생각으로 가득 차서 다른 건 들어올 틈이 없는 거예요.

어쩌다 영화관에 가서도 쿨쿨 잠을 자기 일쑤랍니다. 밤낮을 가리지 않고 옥수수 연구를 하려면, 틈이 날 때마다 깜빡잠이라도 자 두어야만 하지요.

이렇게 틈만 나면 조는 버릇이 있는 김순권 박사지만, 옥수수 밭에만 가면 눈이 번쩍 뜨이고 기운이 펄펄 납니다. 하루 내내 옥수수 밭에서 농부처럼 일을 하고도 하나도 힘들어하지 않지요.

누가 힘들지 않으냐고 물으면 박사님은 늘 이렇게 대답합니다.

"옥수수는 내 자식이나 다름없어요. 자식을 돌보는 일은 아무리 힘들어도 힘들지 않지요."

이렇게 옥수수 연구에 열심이다 보니, 박사님은 세계에서 옥수수를 가장 잘 아는 사람으로 손꼽히게 되었답니다.

그래서 김순권 박사의 진짜 별명은 '옥수수 박사'입니다. 김순권이라는 이름을 듣고는 "누구지?" 하고 고개를 갸웃거리던 사람도, 옥수수 박사라고 별명을 말해 주면 "아하, 옥수수 박사!" 하고 고개를 끄덕이지요.

그런데 옥수수 박사가 어떻게 해서 아프리카의 추장이 되었을까요? 그건 옥수수로 아프리카 사람들을 위해 아주 좋은 일을 했기 때문이에요. 정말 어마어마하게 좋은 일이었지요.

지금부터 김순권 박사가 옥수수로 어떤 일을 했는지 들려줄게요.

이야기를 다 듣고 나면 누구나 "아하, 그래서 추장이 된 거로구나!" 하고 고개를 끄덕이게 될 거예요.

 ## 욕심쟁이 시골 아이

　허리춤에 소쿠리를 하나씩 낀 사내아이들 몇몇이 바다로 달려가고 있었습니다. 아이들은 넓적한 갯바위로 올라가 옷을 훌렁훌렁 벗어 젖혔습니다. 엉덩이와 고추까지 고스란히 드러낸 아이들은 바닷물로 풍덩풍덩 뛰어들었지요.
　그런데 한참이 지나도 물속으로 들어간 아이들이 나오지를 않았습니다. 물속 깊이 자맥질을 해서 무얼 하는 걸까요? 그렇게 오래 물속에 있으면서 숨도 차지 않나 봅니다.

혹시 헤엄을 못 치면서 물속으로 뛰어든 건 아닐까요? 다들 바닷가 마을에 사는 아이들인데 헤엄을 못 칠 리는 없을 테지요.

"푸아!"

아니나 다를까, 곧 한 아이가 참았던 숨을 내뿜으며 물 위로 솟아올랐습니다. 그런데 바닷속에서 무언가를 집어 가지고 나왔습니다.

아하, 바로 물속으로 자맥질을 해서 전복이며, 소라 같은 것을 잡아 오는 것이로군요. 해녀들처럼 말이에요. 곧이어 또 한 아이가 물 위로 고개를 내밀고 올라왔습니다. 그 아이도 무얼 잡아 가지고 나왔습니다. 물속에서 나오는 아이마다 손에 소라와 전복을 들고 있었습니다.

그런데 어찌 된 일인지 아직 한 아이가 물속에서 나오지 않았습니다. 다른 아이들은 벌써 물에서 나와 다시 바닷물로 들어가려고 하는데도 말이에요.

"야들아, 순권이는 와 아직도 안 나오나?"

"이 자슥, 물귀신 된 거 아이가?"

"말도 안 되는 소리 마라. 순권이는 하나라도 더 따려고 그라는 기다."

"맞다. 느그들 순권이 욕심 많은 거 아직도 모르나?"

이렇게 말하면서도 아이들은 은근히 걱정이 되는지 자꾸 바다를 바라보았습니다.

"푸아―."

그때, 순권이가 물 위로 올라와 참았던 숨을 가쁘게 내쉬었습니다. 갯바위로 기어 올라오는 순권이의 얼굴에 방울방울 웃음이 흘러내렸습니다.

"와! 순권이 니 마이도*많이도 땄대이."

아이들이 순권이가 따 온 소라와 전복을 바라보며 부러운 듯 말했습니다. 순권이가 따 온 것은 다른 아이들보다 두 배는 더 많았습니다.

"이 정도야 보통이재 뭐."

아이들이 부러워하는 모습을 보며 순권이는 기분이 좋아 입이 헤벌쭉 벌어졌습니다. 아이들은 재잘재잘 떠들어 대며 쉬다가 다시 물속으로 뛰어들었습니다. 순권이는 자맥질을 할 때마다 악착같이 굴어서 언제나 다른 아이들보다 더 많은 소라를 따 왔습니다.

한동안 물속을 들락날락하던 아이들이 이제는 지쳐 어깨가 축 늘어졌습니다.

"힘들어서 더 몬 하겠다. 야들아, 그만 집에 가자."

"그래. 내일 또 오자."

아이들이 주섬주섬 옷을 챙겨 입었습니다. 그렇지만 순권이는 바다로 달려가며 아이들에게 외쳤습니다.

"내는 한 번 더 들어갔다 올란다. 느그들 여기서 쪼매만

기다리그라."

"순권아 임마, 그냥 가자."

"아이다. 금세 올 끼다."

순권이는 바닷물로 풍덩 뛰어들었습니다. 그러고는 기어코 소라 몇 개를 더 건져 왔지요. 순권이 소쿠리에는 전복이며 소라가 수북했습니다.

"순권이 니처럼 욕심 많은 아는 진짜로 처음 본대이."

"맞다. 산으로 딸기 따러 갔을 때도 순권이가 질 마이 안 땄나? 소똥 주울 때도 순권이가 제일 많더라."

"맞다 맞다. 순권이 욕심 부리는 건 알아줘야 한대이."

친구들이 서로 맞장구를 쳤습니다. 그러자 순권이가 부끄러운 듯 씩 웃으며 말했습니다.

"이왕 하는 김에 많이 하는 게 안 좋나?"

친구들은 그런 순권이가 부럽기도 하고 샘이 나기도 하였습니다.

"너무 욕심을 부리면 나쁘다카이. 놀부 같은 사람 되면 우짤라고 그카노*어찌려고 그러니?"

순권이도 할 말이 있었습니다.

"욕심이라고 다 나쁜 기가. 좋은 욕심은 팍팍 부려도 된대이."

"맞다, 맞다."

"치, 욕심쟁이가 좋긴 뭐 좋노?"

허리춤에 소쿠리를 하나씩 낀 아이들이 내가 옳으니 네가 옳으니 재잘거리며 집으로 돌아갑니다. 젖은 고무신에서는 찔꺽찔꺽 소리가 나고, 어느덧 해는 서산으로 뉘엿뉘엿 넘어갑니다.

김순권은 바닷가 작은 마을에서 태어나고 자랐습니다. 전기도 들어오지 않고, 버스도 오지 않는 외딴 마을이었지요. 마을 사람들은 거의가 농사를 짓거나 멸치잡이를 하며 살아갔는데, 무척 가난했습니다.

자기 땅이 없는 사람들은 더 어려웠습니다. 남의 땅에다 농사를 지으면, 수확의 절반이 훨씬 넘는 곡식을 땅 주인에게 주어야 했거든요. 그러고 나면 남는 게 별로 없었지요. 작은 고깃배라도 있는 집은 그럭저럭 살림을 꾸려 나갔지만, 거의 다 남의 배를 타고 나가 일해 주고 품삯을 받는 정도였답니다.

그렇지 않아도 가난한데, 그 해에 가뭄이 들거나 홍수가 나 농사를 망치면 정말 큰일이었습니다. 그럴 땐 칡뿌리나 나물, 해초로 죽을 끓여 겨우겨우 끼니를 이으며 살아가야 했습니다.

아이들이 바다에서 전복이며 소라를 따며 노는 것도 너무나 가난하기 때문이었습니다. 끼닛거리가 없을 만큼 지지리 가난한데, 어리다고 마냥 놀기만 할 수는 없는 노릇이었지요. 그래서 시키지 않아도 집안에 보탬이 될 만한 일을 했던 것입니다.

전복이며 소라를 따는 것뿐만이 아니었어요. 산에 가서 산딸기도 따고, 밤이나 도토리를 줍기도 했습니다. 거름으로 쓸 개똥이나 소똥을 줍기도 하고, 틈틈이 농사도 도왔지요.

그때가 언제이기에 이렇게 가난했는지 궁금하죠?

김순권이 태어난 해는 1945년입니다. 우리 나라가 일본의 식민지에서 벗어나던 바로 그 해이지요. 그로부터 5년 뒤인 1950년에는 남한과 북한 사이에 6·25 전쟁이 터졌습니다. 3년 동안 벌어진 전쟁은 남쪽 북쪽 가릴 것 없이 온 나라를 쑥대밭으로 만들어 놓았습니다. 죽거나 다친 사람이 헤아릴 수 없이 많았고, 수많은 도시가 포탄에 부서져 버렸지요.

전쟁은 끝났지만 남한과 북한은 완전히 갈라져 서로를 원수로 여기게 되었습니다. 한 식구가 남쪽과 북쪽으로 헤어져 만나지 못하는 가슴 아픈 일도 생겨났습니다. 35년 동안 일본의 식민지로 있으면서 가뜩이나 가난했던 우리 나라는 전쟁을 겪으며 더 가난해졌습니다. 그때 우리 나라는 전 세계에서 가장 가난한 나라 가운데 하나였지요.

순권이는 이렇게 나라가 큰 어려움에 빠진 때에 태어나고 자랐습니다.

그렇지만 순권이네는 굶을 정도로 가난하지는 않았습니다. 아버지가 자그마한 멸치잡이 배를 한 척 가지고 있었고, 논도 조금 있었거든요.

순권이는 딸만 내리 여섯을 둔 집안의 막내아들이었습니다. 부모님은 하나밖에 없는 아들을 금이야 옥이야 길렀지요. 흉년이 들어 다른 식구들이 다 굶어도 순권이만은 꼭 끼니를 챙겨 주었습니다. 그 덕분에 그토록 가난한 시절에도 순권이는 배고픔을 모르고 자랐습니다.

그렇지만 그리 넉넉한 것은 아니었습니다. 순권이 아무리 귀한 아들이었다 해도 세 끼니를 마음 놓고 배불리 먹는다는 건 생각하기 어려웠지요. 생일에도 떡이나 고기는

커녕 쌀밥 한 그릇 먹을 수 없었어요. 그저 배를 곯지 않는다는 것만으로도 크나큰 행복이었지요.

아무튼 막내로 태어난 순권이는 온 식구들의 사랑을 담뿍 받았어요. 그러다 보니 고집불통에 버르장머리 없는 아이가 되었지요. 요즘도 너무 귀여움만 받아서 버릇없고 고집스러운 아이가 가끔 있잖아요. 꼭 그 짝이었지요.

한번은 이런 일도 있었어요.

대보름날이었지요. 순권이는 이웃집에서 맛있는 오곡밥을 얻었습니다. 그런데 오곡밥을 들고 집으로 오다가 모퉁이에서 마을 아저씨와 부딪쳤습니다.

"어이쿠!"

"아얏!"

순권이는 그만 그릇을 땅에 떨어뜨리고 말았습니다. 오곡밥은 땅바닥에 떼굴떼굴 굴러 아주 못 먹게 되었지요.

"하이고, 오곡밥이 영 못 묵게 됐대이. 이건 빙아리*병아리 들이나 주고, 아재가 순권이 니 묵을 오곡밥 한 그릇 새로 갖다주꾸마."

"싫어예. 내 오곡밥 도로 주소."

순권이는 입이 댓 발이나 튀어나와 아저씨를 노려보았습니다.

"어허, 이누마 봐라. 내 오곡밥 한 그릇 얼릉 갖다주꾸마. 퍼뜩 집에 가 있그라."

아저씨는 오곡밥을 가지러 집으로 가고, 순권이는 털레털레 빈손으로 집에 왔습니다.

조금 뒤에 아저씨가 오곡밥 한 그릇을 가지고 찾아왔습니다.

"순권이 오곡밥을 지가 엎어서 한 그릇 퍼 왔십니더."

"미안시럽게 뭐 할라꼬 부러 가져오십니꺼? 순권아, 고맙습니대이 하고 받그라."

어머니가 순권이에게 말했습니다. 그렇지만 순권이는 볼이 통통 부어 소리를 질렀습니다.

"땅에 쏟은 오곡밥을 그대로 가져오소!"

"아이, 야가 버르장머리 없이 그기 뭔 소리고?"

어머니는 아저씨 보기가 민망해 어쩔 줄 몰랐습니다.

"내 오곡밥 내놓으란 말이다!"

"엎은 오곡밥을 워째 내노라고 고집을 피노?"

아저씨도 어이가 없는지 딱하다는 듯 순권이를 바라보았습니다.

아저씨가 돌아가고 난 뒤에도 순권이는 제 오곡밥을 내놓으라며 생떼를 썼습니다. 그러다가 엉엉 목을 놓아 울었습니다.

논일을 하고 돌아온 아버지가 그 꼴을 보았습니다.

"이노무 자슥! 뚝 그치지 몬하나? 막둥이라고 오냐오냐 했디만 영 버릇이 없꾸마!"

아버지는 눈을 부릅뜨고 순권이를 꾸짖었습니다. 곧 회초리라도 들 것만 같았습니다.

그제야 순권이는 찔끔 겁을 먹고 울음을 그쳤지요. 이렇듯 순권이는 버릇없고 고집스런 아이였습니다.

 ## 의자 도둑

어느덧 순권이는 중학교에 갈 만큼 자랐습니다. 그런데 아버지는 순권이를 울산에 있는 중학교에 보내려 했습니다. 큰 도시에 있는 학교에 다녀야 공부를 더 잘할 것이라고 생각했기 때문입니다. 울산은 너무 멀어 집에서 다닐 수가 없었습니다. 그래서 시집가서 울산에 살고 있는 둘째누나 집으로 가야 했지요.

순권이는 집을 떠나기가 싫었습니다. 그래서 아버지에게

떼를 써 보았지요.

"아부지예, 지는 울산에 가기 싫어예. 예도*여기도 중학교가 있는데 뭐 할라꼬 울산까지 갑니꺼?"

"잔소리 말고 아부지가 하라는 대로 하그라. 큰 인물이 될라믄 일찌거니 큰 도시로 가야 하는 기라."

순권이는 울상이 되었습니다. 집을 떠나서는 도저히 살 수 없을 것만 같았지요.

"그래도 지는 싫습니다."

"씰데없는 소리 말그라."

아버지는 눈을 부릅뜨고 딱 잘라 말씀하셨습니다. 순권이는 눈앞이 캄캄했습니다. 이렇게 되면 아버지의 뜻을 꺾기는 다 틀린 것입니다.

'울산에서 어무이도 없이 우째 사노?'

가장 큰 걱정은 엄마 곁을 떠나야 한다는 것이었습니다. 순권이는 그 나이가 되도록 엄마 젖을 만지며 잠을 자기도 했습니다. 그러지 않으면 잠을 잘 수가 없었지요. 엄마도 어린 아들을 혼자 떠나보내는 게 안타까워 아버지를 말렸습니다.

"아직 어린아를 어떻게 타지로 보낸다고 그캅니꺼?"

"순권이는 우리 집안의 대를 이을 하나뿐인 아들인 기라. 공부 잘 시키려면 일찌감치 큰 도시로 보내야 안 하나?"

어머니도 아버지의 뜻을 꺾지 못했습니다.

끝내 순권이는 집을 떠나, 울산 누나 집에서 울산 제일중학교에 다니게 되었습니다.

학교 가는 첫날 아침부터 시끌벅적했습니다.

"누이야, 학교 가기 싫대이!"

순권이는 학교 갈 준비를 하다 말고 털썩 주저앉아 버렸습니다.

"야야, 다짜고짜 그기 뭔 소리고?"

순권이는 엄마 얼굴이 눈앞에 떠올라 당장이라도 집으로 달려가고 싶었습니다.

"순권아, 처음이라 그런 기라. 며칠만 꾹 참고 댕기다 보은 친구도 생기고 재미도 붙을 끼다. 그러면 금방 나아질 테니 쪼매만 참아 보그라."

누나는 순권이를 다독거려 겨우 학교에 보냈습니다.

그런데 순권이 학교에 다녀오더니 한술 더 떴습니다. 마루에 책가방을 던져 놓고는 아예 목을 놓아 엉엉 울어 버렸습니다.

"어무이, 어무이!"

누나가 영문을 몰라 물었습니다.

"순권아, 니 싸웠나?"

"아이다."

"그럼, 선생님께 꾸중 들었나?"

"그것도 아이다."

"그럼 와 우노?"

"누이야, 나 집에 갈란다. 어무이 보고 싶어 몬 살겠대이."

"야가 또 무슨 소릴 하노. 니가 얼라가 애기니?"

"내사 학교고 뭐고 다 때려치울란다."

어떻게 해야 좋을지 답답해진 누나는 눈물을 글썽거리더니, 끝내 순권이의 손을 잡고 눈물을 뚝뚝 흘렸습니다. 그러면서 순권이를 달래 보았습니다.

"순권아, 처음이라 그런 거 아이가? 쪼매만 참아 보그라. 다 큰 아가 그것도 못 견디면 우야노?"

이번에도 누나는 겨우겨우 순권이를 달랬습니다. 그렇지만 날마다 아침저녁으로 한 번씩 울고불고 난리를 치는 순권이를 누나도 도저히 더는 달랠 수가 없었습니다.

"나도 모르겠다. 니 좋을 대로 하그라."

그 길로 누나는 순권이를 집에 데려다 주었습니다.

느닷없이 집으로 돌아온 순권이를 보고 아버지는 버럭 소리부터 질렀습니다.

"사내자슥이 그걸 못 참고 집으로 돌아오나?"

그렇지만 그렇게 소리만 질렀을 뿐, 아버지는 다시 순권이를 울산 누나집으로 보내려 하지는 않았습니다. 순권이가 집을 떠나 지내기에는 아직 너무 어리다고 생각한 것이었지요. 이렇게 해서 순권이는 한 주 만에 울산에서 고향

집으로 돌아왔습니다. 학교도 걸어서 다닐 수 있는 양남중학교로 옮겼습니다.

집으로 돌아오니 마음은 편했지만, 학교 다니기가 보통 힘든 게 아니었습니다. 학교에 가려면 꼬박 한 시간 반 동안 산을 넘고 물을 건너 걸어가야 했거든요. 학교에 갔다 오면 다리도 아프고 온 몸에 힘이 쪽 빠졌습니다. 며칠이 지나자 종아리에 알까지 박였습니다. 하도 먼 길이다 보니 비 오는 날엔 우산을 써도 옷이 다 젖었습니다.

'그냥 울산에 있을 낀데. 그라모*그러면 이리 힘들지는 않았을 낀데……'

너무 힘들 때에는 후회스럽기도 했습니다. 그렇지만 제 아무리 힘이 들어도 어머니 곁을 떠나는 것보다는 힘들지 않았습니다. 그래서 군소리 없이 학교에 다녔습니다.

순권이는 소라를 따는 것만큼이나 공부에도 욕심이 많았습니다. 이왕 하는 공부라면 아주 잘하고 싶었지요. 그래서 아주 열심히 공부했습니다.

그런데 늘 책상이 없는 게 못마땅했습니다. 보통 밥상을 놓고 공부를 하거나 방바닥에 엎드려 공부를 했는데, 책상이 있으면 훨씬 좋을 것 같았습니다.

'책상만 있으믄 내도 공부 참 잘할 수 있을 낀데…….'

책상을 살 수만 있다면 더없이 좋겠지만, 그건 꿈도 꿀 수 없는 일이었습니다. 요즘은 책상 없는 아이가 거의 없지만, 그 시절에는 책상 있는 아이가 거의 없었답니다. 시간이 지날수록 순권이는 점점 더 책상이 갖고 싶었습니다.

'뭔 좋은 수가 없나?'

자나 깨나 책상 생각만 났습니다. 그러다가 좋은 생각이 떠올랐지요.

'그래! 밥상으로 책상을 맨드는 기라.'

순권이는 당장 밥상을 들고 마당으로 나갔습니다. 집 안팎을 뒤져 반듯하게 자란 튼튼한 나무를 구해다 쓱쓱 싹싹 톱질을 했습니다. 그러고는 알맞게 자른 나무를 밥상 다리에 대고 끈으로 칭칭 동여맸습니다. 그러자 아주 그럴듯한 책상이 되었지요.

그런데 책상을 만들어 놓고 보니, 한 가지 미처 생각하지 못한 게 있었습니다.

'책상만 있으면 뭐 하노. 의자가 있어야재.'

의자도 만들어 보기로 했습니다. 그렇지만 의자 만들기는 보통 까다로운 게 아니었습니다. 마땅한 나무도 구할 수가 없었고, 솜씨 좋게 나무를 다루기도 쉽지 않았습니다. 밥상 다리에 나무를 이어 붙이는 것과는 아주 딴판이었지요. 뚝딱거리며 망치질을 하다가 괜히 손가락에 멍만 들고 말았습니다.

'의자는 내 힘으로 도저히 몬 만들겠대이.'

순권이는 끝내 의자를 만들지 못했습니다. 의자가 없으니 그럴듯하게 만들어 놓은 책상도 아무 쓸모가 없었습니다. 이때부터 순권이 머릿속에서는 의자 생각이 떠나지를 않았습니다. 의자 꿈까지 꿀 정도였지요.

아버지께 의자를 만들어 달라고 말씀드려 볼 생각도 했습니다. 그렇지만 농사지으랴, 고기잡이하랴, 눈코 뜰 새 없이 바쁜 아버지를 보면 목구멍까지 차올랐던 말이 도로 쏙 기어들어 갔습니다.

그런데 한 친구가 순권이에게 의자를 쉽게 구하는 방법을 일러 주었습니다.

"학교에서 남는 의자 하나 슬쩍 가져오면 되재, 뭔 고민이가?"

"뭐! 내한테 도둑질을 하란 말이가?"

"남는 의자 하나 주워 오는 기 뭔 도둑질이가. 나쁜 데 쓰는 것도 아이고, 공부할라꼬 그라는데 뭐 우떻노?"

"진짜가……?"

"야야, 걱정 말그래이. 아무도 없을 때 슬쩍 가져오면 된다카이."

순권이는 남는 의자를 가져오는 것은 도둑질이 아니라는 친구의 말에 귀가 솔깃해졌습니다.

며칠 뒤, 순권이는 정말로 교실에서 의자를 하나 들고 나왔습니다. 복도를 걸어 나오며 누가 볼세라 힐끗힐끗 뒤를 돌아보았습니다.

'이건 도둑질이 아이다. 공부할라는데 뭐 우떻노.'

이렇게 중얼거려 보아도 자꾸 뒷목이 뺏뺏해지고 가슴이 오그라드는 것은 어쩔 수 없었습니다. 남는 의자를 집어 가는 것도 도둑질은 도둑질이니까요.

순권이는 의자를 들고 학교 뒤 언덕으로 올라갔습니다. 운동장을 가로질러 교문으로 나가면 누가 볼 것 같았기 때문입니다. 언덕을 넘어 논둑길을 지나고 밭둑길을 지났습니다. 그리고 산속으로 들어갔지요.

"휴, 됐다. 이제 볼 사람이 없겠재."

산속으로 들어간 순권이는 겨우 마음을 놓았습니다. 의자에 앉아 공부할 생각을 하니 입가에 절로 웃음이 감돌았지요. 순권이는 의자를 어깨에 둘러메고 바닷가로 달려갔습니다. 바닷가 모래밭에서 친구들이 순권이를 기다리고 있었습니다.

"순권아, 우찌 됐노? 성공했나?"

"보믄 모르나?"

순권이는 친구들에게 의자를 내보이며 조금 우쭐거리는 마음까지 생겼습니다.

"진짜 했네. 인제 책상에 떡 앉아 공부하게 됐으이, 순권이 니는 참 좋겠다."

친구들이 다들 부러워했습니다.

순권이는 한시라도 빨리 집으로 가 의자에 앉아 공부를 하고 싶었습니다.

"야들아, 고마 집에 가자."

순권이는 의자를 어깨에 둘러메고 콧노래를 부르며 친구들과 모래밭을 걸었습니다.

그때였습니다. 뒤에서 웬 젊은이가 달려오며 소리를 질렀습니다.

"야야! 니 거기 안 스나!"

뒤를 돌아본 순권이는 가슴이 철렁 내려앉았습니다. 혹시 자기를 잡으려고 온 게 아닐까 하는 생각이 들었기 때문입니다.

아니나 다를까, 순권이에게 다가온 젊은이는 불쑥 이렇게 말했습니다.

"니, 그 의자 학교에서 훔친 거재?"

"……."

"와 말을 몬 하노? 아이면 *아니면 아이라고 해 봐라."

젊은이가 다그치는 통에 순권이 등에서 식은땀이 배어 나왔습니다. 훔치지 않았다고 딱 잡아떼고 싶은 마음이 굴뚝 같았지만, 입 밖으로 말이 되어 나오지 않았습니다. 뭐라고 핑계를 대고 빠져나가야 하는데, 핑곗거리도 얼른 떠오르지 않았습니다.

"내는 양남중학교를 나온 니 선배다. 니가 의자 훔쳐 오는 거 다 봤으이 거짓말하지 마라."

다 보고 있었다니, 빠져나갈 구멍도 없었습니다.

"그 의자, 도둑질한 거 맞재?"

순권이는 겨우 고개를 끄덕거렸습니다. 함께 있던 친구들도 아무 말 못 하고 고개를 숙이고 있었습니다.

"이누마야, 와 이런 짓을 했노?"

"책상은 있는데 의자가 없어서……."

순권이는 기어들어 가는 목소리로 겨우 말했습니다.

"이누마야! 아무리 그칸다고*그란다고* 학교 의자를 훔치나?"

젊은이는 순권이의 머리에 알밤을 먹였습니다.

"의자 이리 내놔라!"

순권이는 잔뜩 주눅이 들어 젊은이에게 의자를 건네주었습니다. 왜 의자를 훔쳐서 이런 꼴을 당하는지 후회스러웠습니다. 그 자리에 털썩 주저앉아 울고도 싶었지요. 의자 하나쯤 가져오는 것은 도둑질이 아니라고 말해 준 친구도 원망스러웠습니다. 그렇지만 벌써 엎질러진 물이었습니다. 순권이는 틀림없이 의자를 훔쳤고, 그 장면을 젊은이에게 들켜 버렸으니까요.

순권이는 의자를 빼앗긴 채 친구들과 터덜터덜 집으로 돌아왔습니다. 제발 그 젊은이가 학교에 이르지만 말아 주기를 바라고 또 바라면서요.

다음 날 순권이 학교에 가자, 한 친구가 순권이에게 다가왔습니다.

"교감 선생님께서 니 빨리 오랜대이."

그 선배라는 사람이 기어이 선생님에게 일러바치고 만 것입니다.

순권이는 간이 콩알만 해지고 목이 자라처럼 움츠러들어 교무실로 갔습니다. 순권이를 기다리고 있던 교감 선생님은 다짜고짜 순권이의 머리를 쥐어박았습니다.

"이노무 자슥, 워데서 그런 못된 짓을 배워 묵었노?"

"교감 선생님, 잘못했십니더."

순권이는 고개를 푹 숙인 채 잘못을 빌었습니다. 그렇지만 교감 선생님은 단단히 화가 나 있었습니다.

"학교가 하도 낡아서 비까지 새는 거, 니 두 눈 뜨고 몬 봤나? 이리 가난한 학교 의자를 훔쳐 가다이*가다니, 니가 지금 정신이 올바로 백힌 놈이가? 엎드려뻗쳐!"

엎드린 순권이의 엉덩이로 매가 날아들었습니다.

"퍽, 퍽, 퍽!"

엉덩이가 불이 붙는 것처럼 아팠습니다. 잘못했으니 아픈 것은 꾹꾹 참을 수 있었지만, '내가 어쩌다 도둑놈이 되어 버렸나?' 하고 생각하니 눈물이 왈칵 쏟아졌습니다. 교감 선생님은 그렇게 호되게 매질을 하고 나서 순권이를 일으켜 세웠습니다. 그러고는 옆에 있는 그 의자를 가리키며 말했습니다.

"저리 가서 의자 들고 서 있그래이!"

순권이는 교무실 구석에서 의자를 높이 들고 한 시간이 넘게 벌을 섰습니다. 팔이 떨어져 나가는 것만 같았지요.

"니가 무슨 잘못을 저질렀는지 알긋나?"

"야, 선생님. 다신 안 그라겠십니더."

"좋다, 손 내리라. 잘못을 뉘우치는 것 같으니께, 이쯤에서 더는 말하지 않겠다. 그라지만 니는 큰 잘못을 했으니께 앞으로 일주일 동안은 변소 청소를 해야 한대이. 변소를 깨끗이 청소하면서 마음도 깨끗이 씻거 내그라. 알긋나?"

"야, 선생님."

순권이는 벌로 일주일 동안 변소 청소를 했습니다. 구린 냄새가 코를 찌를 때마다 자기를 일러바친 그 선배가 얼마나 밉고 원망스러웠는지 모릅니다.

'그 선배가 모르는 척 슬쩍 넘어갔으믄 지금쯤 의자에 앉아 공부를 하고 있을 낀데……. 에이, 괜히 교감 선생님께 일러서 이 고생을 한대이.'

그렇지만 그 선배가 눈감아 주었더라면, 순권이에게는 더 나빴을지도 모릅니다. '바늘 도둑이 소 도둑 된다'는 옛말이 있습니다. 하찮은 물건이라고 아무렇지도 않게 남의 것을 훔치다 보면, 나중에는 큰 도둑질까지 하게 된다는 뜻이지요.

만약 순권이가 의자를 훔치는 데 성공했더라면, 또 남의 것을 탐내게 되었을지도 모릅니다. 그때 그 선배와 교감 선생님에게 뜨거운 맛을 보고는 다시는 그런 짓을 안 하게 되었으니, 얼마나 다행인가요.

 ## 똥장군을 짊어지고

의자를 구하지 못해 끝내 책상에서 공부할 수는 없었지만, 순권이는 열심히 공부했습니다. 그렇지만 열심히 한 만큼 성적이 썩 좋지는 않았습니다.

"공부를 이렇게 열심히 하는데도 와 성적이 안 오르노? 내는 머리가 나쁜갑다."

정말이지 순권이는 머리가 그다지 좋은 편이 아니었습니다. 지능 지수 검사에서 보통보다 낮게 나왔으니까요. 그렇지만 순권이는 실망하지 않았습니다.

'머리가 나쁘믄 그만큼 더 열심히 하면 되재.'

순권이는 꾸준히 공부했습니다. 그러자 학년이 올라갈수록 성적이 조금씩 올라갔습니다.

"순권아, 니는 공부 잘해서 학교 선생이 되그래이. 그기 정 힘들면 면 서기나 은행원은 돼야재."

아버지는 순권이 귀에 못이 박히도록 이런 말씀을 하셨습니다. 가난에서 벗어나려면 농사를 짓거나 물고기를 잡아서는 안 된다고 생각했던 것이지요.

순권이도 농사를 짓고 싶지는 않았습니다. 뼈 빠지게 일을 하여도 끼닛거리가 없어 허덕이는 농민들을 늘 보아 왔으니까요.

아버지의 바람대로 은행원이나 공무원이 되고 싶었습니다. 양복을 말끔히 차려 입고 아침마다 출근하는 은행원이나 면 서기는 정말 멋져 보였습니다. 은행원이나 면 서기가 되려면 상업 고등학교에 들어가야 했습니다.

그래서 순권이는 부산 상업 고등학교 입학시험을 치렀습

니다. 꾸준히 공부한 덕분에 중학교를 졸업할 때쯤에는 공부를 썩 잘하게 되어, 순권이뿐만 아니라 식구들도 당연히 합격할 것이라고 믿었습니다.

그런데 그만 보기 좋게 미끄러지고 말았습니다.

'내가 이렇게 공부를 몬 했나? 한심타, 한심해.'

순권이는 이만저만 실망한 게 아니었습니다. 게다가 앞으로 무엇을 해야 할지 막막하기만 했지요. 고등학교에 가지 못했으니 마냥 빈둥거리며 시간을 흘려보낼 수밖에 없었습니다.

마음이 답답해지면 바닷가에 나가 거닐어도 보고, 바다로 돌멩이를 던지기도 했습니다. 그렇지만 답답한 마음은 여간해서 풀어지지 않았습니다.

하루는 갯바위 위에 쪼그리고 앉아 우두커니 바다를 바라보며 생각에 빠져 있는데, 아버지가 다가와 가만히 어깨를 짚었습니다.

"순권아, 니 지금 무슨 생각 하노?"

"아부지……."

"고등학교 떨어졌다고 그케 ˚그렇게 풀 죽을 필요 없대이. 이제부터 아부지 농사도 거들고 멸치잡이도 돕그라."

"예? 지더러 농사를 지으라 말입니꺼?"

순권이는 눈이 휘둥그레졌습니다. 늘 선생님이 되라고 말씀하시던 분이 농사를 지으라니 놀랄 만도 했지요.

"학교는 내년에 다시 들어가고, 올 한 해는 아부지를 거들라 이 말이재. 암것도 ˚아무것도 안 하고 놀 수는 없지 않나?"

"알았니더, 아부지."

순권이는 아버지가 그렇게 말씀해 주시는 게 고마웠습니다. 아무것도 하지 않는 것보다는 농사라도 돕는 게 훨씬 낫다고 생각했거든요.

새봄이 오자 농사일이 바빠졌습니다. 순권이는 아버지를 도와 농사를 짓기 시작했습니다.

아버지는 새벽 다섯 시에 일어나 하루 내내 논밭에서 일을 하고도, 밤이 되면 다시 멸치잡이를 나가는 부지런한 분이었습니다. 아무리 술을 많이 마신 날도 이튿날 새벽 다섯 시만 되면 어김없이 일어나 들로 나갔지요.

농부들은 거의가 부지런하지만, 아버지는 유별나게 부지런한 분이었습니다.

부지런한 아버지와 함께 농사를 지으려니 보통 힘이 드는 게 아니었습니다. 아버지만큼 순권이도 부지런해야 했으니까요. 한눈 한 번 팔지 않는 아버지 옆에서 일을 하려니, 아무리 힘이 들어도 꾀를 부릴 틈이 없었습니다.

아버지는 새벽 다섯 시만 되면 어김없이 순권이를 깨웠습니다.

"순권아, 아직 안 일났나? 퍼뜩 일나그라."

문 밖에서 들리는 고함 소리에 순권이는 떨어지지 않는 눈꺼풀을 비비며 일어났습니다. 늑장을 부리다가는 불호령이 떨어집니다.

순권이는 일어나자마자 망태기를 들고 동네를 돌아다닙니다. 망태기에 소똥과 개똥을 보이는 대로 주워 담아 와야 했습니다. 소똥이나 개똥은 두엄을 만드는 데 아주 좋거든요. 요즘은 비료를 쓰기 때문에 소똥이나 개똥으로 두엄을 만드는 일이 거의 없지만, 그 시절에는 꼭 필요한 일이었답니다. 논밭에 거름을 듬뿍 주지 못하면 곡식이 잘 자라지 못하니까요.

소똥을 주운 뒤에는 아침을 먹고 곧장 아버지를 따라 들로 나갑니다.

"농사짓는 일을 만만하게 생각하면 안 된대이. 정성을 쏟는 만큼 수확도 늘게 되는 기다. 그러니 게으름 피우지 말고 부지런히 일해야 한대이."

"예, 아부지."

일이 얼마나 고되던지, 하루 내내 일을 하고 나면 흠씬 두들겨 맞은 것처럼 온 몸이 쑤시고 아팠습니다. 씨 뿌리기, 모내기, 김매기, 추수하기, 어느 것 하나 쉬운 일이 없었지요.

무엇보다도 가장 힘든 일은 쟁기질이었습니다. 쟁기질은 소에 쟁기를 걸어 땅을 가는 일입니다. 힘도 들 뿐더러 소를 잘 부려야 하기 때문에 보통 어려운 게 아니었습니다. 땀을 뻘뻘 흘려 가며 기껏 밭을 갈아 놓고 보면, 줄이 비뚤비뚤하거나 땅이 너무 얕게 갈려 있기 일쑤였습니다. 그러면 곧바로 아버지의 호된 꾸지람이 날아들었어요.

"이누마야, 이걸 쟁기질이라고 했나! 여기다 씨를 뿌렸

다가는 농사 다 망치겠다."

아버지는 팔을 걷어붙이고 '이려, 이려.' 소를 몰아 다시 밭을 갈기도 했습니다. 깐에는 열심히 한다고 했는데, 그렇게 야단을 맞으면 맥이 탁 풀렸습니다. 아버지가 원망스럽고 고등학교에 떨어진 자기 자신이 자꾸만 한심하게 느껴졌습니다.

'시험은 왜 떨어져서 이 고생을 하노?'

순권이가 아무리 힘겨워해도 아버지는 봐주지 않았습니다. 조금이라도 게으름을 피우면 벼락 같은 호통이 날아왔지요.

똥장군 져 나르는 일에 견주면 까짓 쟁기질은 아무것도 아니었습니다. 똥장군이란 변소에서 똥을 퍼 나르는 통입니다. 이 똥장군에 똥을 가득 퍼 담아서는 그걸 밭으로 져 날라야 하는 것이지요. 사람 똥도 개똥이나 소똥 못지않게 좋은 거름이 되거든요.

똥장군을 져 나르는 일은 정말 힘들었습니다. 무게 때문

에 다리가 휘청거리고 어깨가 욱신거립니다. 얼굴이 절로 찌푸려지지요.

그런데 그보다 더 괴로운 건 지독한 냄새입니다. 며칠씩 똥장군을 져 나르다 보면, 몸에 똥 냄새가 배어 여간해서는 가시지를 않습니다.

한번은 똥장군을 지고 보리밭에 가다가 돌부리에 걸려 넘어지고 말았습니다. 똥통이 엎질러지면서 온 몸에 똥을 뒤집어쓰고 말았습니다.

"으, 이걸 어쩐다?"

순권이는 바닷물로 뛰어들어 옷과 몸을 박박 씻어 냈습니다. 그래도 냄새가 가시지 않았습니다. 집으로 돌아와 옷을 벗어 버리고 씻고 또 씻었습니다. 그런데도 도무지 냄새가 사라지지 않았습니다.

"야, 니 똥 냄새 난다. 저만큼 떨어지그라."

늘 냄새를 달고 다니는 순권이는 잘 몰랐지만, 다른 사람들은 순권이가 가까이 가기만 하면 눈살을 찌푸리며 코를 쥐었습니다. 아무리 그래도 한동안은 똥 냄새를 풀풀 풍기며 다닐 수밖에 없었습니다. 씻어도 씻어도 냄새가 가시지 않는 걸 어쩌겠어요. 집 안에 틀어박혀 있을 수만도 없는 노릇이고요.

아무튼 열다섯 살 소년에게 농사는 너무나 어려운 일이었습니다.

그렇다고 저녁이 되면 마음 편히 쉴 수 있었냐 하면 그렇지도 못했습니다. 하루 내내 논밭에서 힘들게 일을 하고도 밤이 되면 멸치잡이에 나서야 했습니다.

멸치잡이 할 때 순권이가 하는 일은 갑판 구르기였습니다. 바닷물에 그물을 드리우고 발로 갑판을 쿵쿵 구르면 멸치 떼가 그 소리에 놀라 그물 안으로 모이게 되지요. 이렇게 해서 멸치 떼가 충분히 그물 안으로 모여들면 그물을 들어 올리는 것입니다.

처음 얼마 동안은 발 구르는 소리에 맞추어 파닥파닥 뛰어오르는 멸치가 신기하기만 했습니다. 그래서 신나게 발을 굴러 댔지요. 그런데 쉬지 않고 한밤중까지 갑판을 구르다 보면, 온 몸에 힘이 다 빠지고 발이 퉁퉁 부어올랐습니다. 그렇다고 주저앉아 쉴 수도 없었습니다.

겨우 멸치잡이가 끝나고 집으로 돌아와 잠자리에 누우면 몸이 바다 위를 둥둥 떠다니는 것만 같았습니다.

농사지으랴, 멸치잡이 하랴, 순권이는 정말 새벽부터 한밤중까지 머슴처럼 일을 했습니다. 어찌나 힘들고 피곤한지 잠이 들면 끙끙 앓는 소리가 났습니다.

어머니는 막내아들이 안쓰러워 보였는지 자주 눈물을 훔치기도 했습니다. 또 아버지에게 여러 차례 사정도 해 보았지요.

"우리 순권이, 애처로워서 더는 몬 보겠다. 하나밖에 없는 아들, 이제 일 좀 그만 시키소."

"모르는 소리 마라. 귀한 아들일수록 잘 가르쳐야 하는 벱이다. 이것도 다 공부니께네 염려 마소."

어머니가 사정을 해도 아버지의 마음은 흔들리지 않았습니다.

이렇게 한 해를 보내고 나니, 어느덧 순권이는 농사꾼이 다 되어 있었습니다. 깨우지 않아도 새벽 다섯 시면 거뜬히 일어났고, 쟁기질이며 똥장군 져 나르는 힘든 일도 척척 해낼 수 있게 되었지요.

부지런한 아버지와 함께 일을 하다 보니, 순권이도 어느새 부지런함이 몸에 배인 것입니다. 이때 익힌 부지런함은 나중에까지 아주 큰 힘이 되었습니다. 원래 무엇이든 잘하려 드는 성격에다 부지런함까지 갖추게 된 것이었지요.

한 해 동안 농사를 지으며 느낀 것이 또 하나 있었습니다. 농민들이 너무나 어렵게 살아간다는 것이었습니다. 가뭄이 들면 논에 물 한 방울이라도 더 대겠다고, 어린아이부터 노인들까지 온 식구가 나서서 밤을 꼬박 새워 물동이를 져 나르는 모습은 오래오래 잊히질 않았습니다.

그렇게 힘들여 겨우 말라 가던 벼를 살려 놓았는데, 도열병이 번져 누렇게 타들어 가기도 했습니다. 너무나 속이 상해 농약을 마시고 스스로 목숨을 끊은 농민들도 있었습니다.

농민들은 빚을 내서라도 농약을 쳤습니다. 그런데 농약은 몸에는 너무나 나쁜 것이었습니다. 농약을 치다 중독되어 죽은 농민들도 많았습니다. 농사철이면 으레 어느 마을에서 누가 농약을 치다 죽었다느니, 불구가 되었다느니 하는 얘기가 들려 왔지요.

농약이 그렇게 무섭다는 걸 알면서도 많은 농민들은 '중독이 되더라도 농약 한번 원 없이 쳐 봤으면…….' 하고 바랐습니다.

목숨을 걸고서라도 많은 수확을 얻고 싶었던 것이지요.

한 해 동안 농사를 지으며 이런 농민들의 모습을 고스란히 지켜본 순권이는 마음이 무척 아팠습니다.

'농약을 안 치고 농사를 잘 지을 수는 없나?'

'농민들을 잘살게 하는 방법은 없나?'

순권이는 저절로 이런 생각을 하게 되었지요. 앞으로 자기가 어떤 일을 하게 될지 그때는 잘 몰랐지만, 어렴풋이

나마 가난한 농민들을 위해 일을 하겠다는 마음이 생겨났습니다.

 공부벌레 대학생

　한 해 동안 농사꾼 노릇을 한 순권이는 이듬해 울산 농업 고등학교에 들어갔습니다. 집을 떠나 울산 제일 중학교에 다닐 때처럼 둘째 누나 집에서 학교를 다녔지요. 그렇지만 이제 엄마가 보고 싶다고 울고불고 떼를 쓰는 어린아이는 아니었습니다.

　순권이는 농사를 짓듯이 끈기 있고 부지런하게 공부했습니다. 밭을 갈아 씨를 뿌리고 김을 매고 추수하는 것처럼 차근차근 쉼 없이 공부했지요.

농업 고등학교에 다니면서 순권이는 우장춘 박사 같은 훌륭한 육종학자가 되고 싶었습니다. 육종학자가 되면 가난한 농민들을 도울 수 있을 것이라 믿었기 때문입니다.

그 무렵, 순권이는 교회에 다니기 시작했습니다. 교회에 다니면서부터는 더욱 열심히 공부했습니다. 새벽 네 시에 교회에 가서 기도를 하고, 곧바로 공부에 매달렸습니다.

그런데 아버지가 교통사고를 당해 자리에 누우면서 집안 형편이 갑자기 어려워졌습니다.

병원비를 대느라 멸치잡이 배도 팔았고, 논밭마저 거의 다 팔아 버렸습니다. 어머니가 구멍가게를 차려 겨우겨우 살아가는 정도였습니다.

이제 순권이의 학비를 마련하기도 쉽지 않았습니다. 다행히 공부를 열심히 한 덕분에 이때쯤에는 성적이 쑥쑥 올라 반에서 1등, 2등을 다투게 되었습니다. 그 덕분에 장학금을 받게 되었지요.

순권이는 어려운 집안에 작은 도움이라도 주게 된 것이

무척 기뻤습니다.

어느덧 졸업이 가까워졌습니다. 이제 대학에 가서 육종학자의 꿈을 이룰지, 아니면 취직을 해서 어려운 집안을 일으킬지 마음을 정해야 했습니다.

'집안이 이리 어려운데 대학을 우째 가겠노. 어서 취직을 해서 부모님 고생을 하루빨리 덜어 드려야 한대이.'

순권이는 취직을 하기로 마음을 굳혔습니다. 그래서 농협에 들어가는 시험을 보았지요.

그런데 이번에도 떨어지고 말았습니다. 순권이는 앞이 캄캄했습니다. 공부를 퍽이나 잘했기 때문에 당연히 붙을 것이라고 생각했는데 또 떨어진 것입니다. 가난한 집안에 아무런 도움도 줄 수 없게 되었다는 것이 무엇보다 순권이를 서글프게 했습니다.

순권이는 할 수 없이 대학에 가기로 생각을 바꾸었습니다. 집에서 학비를 대 줄 형편이 못 되니 장학생으로 들어가려는 것이었지요.

그런데 이번에도 일이 잘 풀리지 않았습니다. 경북대학교 농과대학에 합격은 했는데, 장학생으로는 뽑히지 못한 것입니다.

순권이는 한숨이 푹푹 나왔습니다.

'내는 왜 이케 못났을꼬? 취직 시험에도 떨어지고, 장학금도 몬 받고…….'

순권이는 이제 대학마저 갈 수 없게 되었습니다. 대학 입학금을 마련한다는 것은 어려운 집안 형편에 꿈도 꿀 수 없는 일이었으니까요.

순권이는 답답한 마음으로 하루하루를 보냈습니다. 그러던 어느 날, 어머니가 신문지에 싼 뭉치 하나를 선뜻 내놓았습니다.

"순권아, 이걸로 입학금을 내그래이."

순권이는 얼른 신문지를 풀어 보았습니다. 그 안에는 돈이 한 다발 들어 있었습니다.

"어무이, 이 큰 돈을 우째 마련했능교?"

"그긴 알 거 없다. 그저 공부만 열심히 하그래이."

순권이는 눈물이 핑 돌았습니다. 얼마 남지 않은 논을 마저 팔았다는 것을 금세 알아차릴 수 있었지요.

"어무이, 그 논마저 팔믄 우린 이제 땅 한 뙈기 없어예."

"그깐 땅은 아무것도 아니대이. 에미는 순권이 니가 잘 되는 기 제일인 기라."

"그럼 우리 식구는 이제 뭘 먹고 사능교? 어무이, 지는 대학 안 가도 괜찮심니더. 이 돈 돌려주고 논 안 판다고 하이소."

"순권이 니는 아무 걱정 마라. 땅 없다고 산 입에 거미줄 치겠나?"

어머니는 순권이를 지긋이 바라보며 애써 웃음을 지었습니다.

"죄송합니더, 어무이."

순권이는 고개를 떨구었습니다.

"죄송할 거 없대이. 어미는 그 동안 니가 얼마나 열심히 공부했는지 다 안대이."

어머니가 축 늘어진 순권이의 어깨를 토닥토닥 두드려 주었습니다. 그때 순권이 눈에서 눈물이 주르르 흘러내렸습니다.

논을 팔아 대학에 들어간 김순권은 공부만 하는 공부벌레가 되었습니다. 입학금을 마련하느라 마지막 남은 논까지 판 것을 생각하면, 한시라도 게으름을 피울 수가 없었지요.

다른 학생들은 함께 어울려 술도 마시고 미팅도 하며, 즐

거운 대학 시절을 보냈습니다. 그렇지만 김순권은 오로지 공부밖에 몰랐습니다. 꼭두새벽부터 한밤까지 도서관에서 책과 씨름했습니다.

"순권아, 선배들하고 술 한잔 하기로 했는데 같이 가자."

"나 지금 도서관에 가는 길이야."

"공부는 나중에 해도 되잖아? 그러지 말고 같이 가자."

"아니야, 난 다음에 갈게."

친구들이 어울리자고 해도 언제나 이렇게 말하고는 도서관으로 갔지요.

김순권은 울산 농업 고등학교에 다닐 때부터 품은 꿈을 이루고 싶었습니다. 훌륭한 육종학자가 되어 가난한 농민들에게 도움을 주는 꿈 말입니다.

육종학이란 벼나 옥수수 같은 여러 가지 농작물을 더 좋은 품종으로 만들어 내는 학문입니다. 더 많은 수확을 얻을 수 있는 품종이나, 병충해에 강한 품종을 만들어 내는 것이지요. 그런 품종을 만든다면 농민들이 몸에 나쁜 농약을 그렇게 많이 치지 않아도 될 뿐 아니라 훨씬 더 잘살게

될 테지요.

그런데 육종학은 아무도 거들떠보지 않는 학문이었습니다. 높은 자리에 오르거나 많은 돈을 벌 수 있는 학문은 더더욱 아니었습니다. 오히려 농사꾼처럼 농작물을 심고 가꿔야만 하는 힘든 일이었지요.

이 무렵, 농과대학에 다니는 학생들은 보통 농업 경제학이나 농업 정책학을 배워 관리나 교수가 되려 했습니다. 그렇지만 김순권은 아무도 알아주지 않더라도 육종학을 공부해서 농민들의 비참한 삶을 바꾸어 놓고 싶었습니다. 이런 김순권의 마음을 알아주는 이는 아무도 없었습니다.

"그까짓 육종학을 공부해서 뭐 해. 고생만 죽어라 하고 알아주는 사람 하나 없을 텐데……."

"그래도 꼭 필요한 학문이야."

"필요하면 뭐 해. 일찌감치 그만두고 너도 다른 쪽으로 눈을 돌려."

"……"

문득 고생하시는 어머니의 주름진 얼굴이 떠올랐습니다.

병으로 고생만 하다 돌아가신 아버지 모습도 눈앞에 어른거렸습니다. 마음이 흔들렸습니다.

'내가 육종학을 공부하면 집안에 아무런 도움도 줄 수 없어. 어머니를 위해서라도 육종학을 그만두는 게 낫겠어.'

김순권은 육종학 대신 농업 경제학을 공부하기 시작했습니다. 나라 경제를 돌보는 관리가 되거나, 교수가 되기로 마음먹은 것이지요.

그런데 농업 경제학 공부를 하고 있으면, 고향에서 본 농민들의 비참한 모습이 자꾸 떠올랐습니다. 농약에 중독되어 쓰러진 아저씨, 굶주리고 있는 농촌 아이들의 눈망울이 자꾸 어른거렸습니다.

'그래, 육종학을 공부해서 가난한 농민들이 잘살 수 있는 품종을 만들어 내야 해. 그것보다 더 뜻 깊은 학문이 어디 있겠어.'

김순권은 농업 경제학 책을 책꽂이 구석에 꽂아 두고, 다시 육종학 책을 꺼내 공부를 시작했습니다. 그렇게 한참을 공부하는데, 돌아가신 아버지 얼굴이 떠올랐습니다. 시름에 겨운 어머니 목소리도 들려왔습니다.

"순권아, 넌 우리 집안 장남이다. 네가 잘돼야 우리 집안이 제대로 되는 거야."

김순권은 육종학 책을 책꽂이 구석에 꽂고, 다시 농업 경제학 책을 뽑았습니다. 이렇게 한동안 농업 경제학과 육종학 사이에서 갈피를 못 잡고 갈팡질팡했습니다.

그러던 어느 날, 농업 경제학을 가르치던 하병욱 교수가 김순권을 불렀습니다.

"자네처럼 열심히 공부하는 학생은 처음 보네. 힘들지 않나?"

"아닙니다. 학생이 공부하는 데 힘들 게 뭐가 있겠습니까?"

"하하하, 역시 공부벌레다운 말이군. 자네, 대학을 졸업하고 무얼 할 작정인가?"

"예, 육종학을 공부할지 농업 경제학을 공부할지 아직

확실한 결정을 못 내리고 있습니다."

하병욱 교수는 빙긋 웃으며 말을 이었습니다.

"그렇다면 대학원에 가서 농업 경제학을 공부하면 어떻겠나?"

"예?"

"우리 학교에 곧 농업 경제학과가 생길 걸세. 자네가 대학원에서 농업 경제학을 공부하고 오면 우리 대학의 농업 경제학 교수가 될 수 있을 걸세."

"그게 정말이세요?"

김순권은 눈이 휘둥그레졌습니다.

"자네가 워낙 공부를 열심히 하기 때문에 이런 말을 하는 거네."

"고맙습니다, 교수님. 생각해 보고 다시 찾아뵙겠습니다."

그날, 김순권은 밤새도록 뒤척이며 생각에 생각을 거듭했습니다.

'교수가 될 수 있다면 어머니를 편하게 해 드릴 수 있어.

이건 두 번 다시 얻을 수 없는 좋은 기회야.'

그런가 하면 다른 생각도 들었습니다.

'그렇지만 내가 정말로 하고 싶은 학문은 육종학이야. 편하고 쉬운 길이 있다고 오랫동안 품어 온 꿈을 내팽개칠 수는 없어.'

그러다가 다시 어머니 생각이 났습니다.

'아니야, 나 하나 잘되기만 바라고 계시는 어머니를 생각해야 해. 눈 딱 감고 육종학을 포기하자. 내가 아니라도 누군가 육종학을 할 테지.'

김순권은 끝내 육종학을 그만두고 대학원에 들어가기로 마음을 먹었습니다.

그날부터 김순권은 무섭게 공부하였습니다. 대학원 시험은 무척 어려웠기 때문에 적당히 공부해서는 합격하기 힘들었지요. 머릿속이 어질어질하고 엉덩이가 짓무르도록 자리에서 일어나지 않고 책만 붙잡고 늘어졌습니다.

한 해 동안 그렇게 공부를 하고 나니, 세상에 모르는 게 없는 것만 같았습니다. 스스로 생각해도 끔찍할 만큼 공부를 많이 했습니다.

드디어 서울대 대학원 시험을 치렀습니다.

'틀림없이 붙을 거야.'

이번에는 자신감이 넘쳤습니다. 그렇게 열심히 공부했는데도 떨어진다면 오히려 그게 이상한 일이라고 생각할 정도였습니다.

그런데 이게 웬일인가요? 이번에도 시험에 떨어지고 만 것입니다.

'아, 또 떨어지다니! 시험도 잘 본 것 같은데, 이건 뭔가 잘못된 거야.'

떨어졌다는 게 믿어지지 않았습니다. 밤새도록 끙끙거리며 생각해 보아도, 무언가 잘못되었을 거라는 생각밖에는 들지 않았습니다.

이튿날, 김순권은 대학원으로 교수를 찾아갔습니다.

"교수님, 제가 왜 시험에 떨어졌는지 알고 싶습니다."

"자네 같은 시골 출신 학생이 농업 경제학 같은 골치 아

픈 학문을 왜 하려고 하는지 모르겠네. 차라리 농촌진흥청에 들어가 농사짓는 연구를 하는 게 더 낫지 않겠나?"

억울하고 안타깝기 짝이 없었지만, 이미 떨어진 시험을 어찌해 볼 수는 없었습니다.

김순권의 눈에 눈물이 어른거렸습니다. 어머니의 주름진 얼굴이 떠올라 마음이 더욱 아파 왔습니다.

 ## 옥수수가 좋아 눈물 흘린 청년

　김순권은 곧 농촌진흥청에 들어갔습니다. 농촌진흥청은 월급을 쥐꼬리만큼 주었기 때문에 농과대학을 나온 사람이라도 좀처럼 들어가려 하지 않는 곳이었습니다.

　대학원 시험에 떨어지지 않았더라면 김순권도 농촌진흥청에는 들어가지 않았을 겁니다. 그렇지만 당장 무슨 일이든 해야 했기 때문에 그곳에라도 취직을 할 수밖에 없었습니다.

이렇게 떠밀리듯 들어온 농촌진흥청에서 김순권은 평생을 함께할 옥수수와 처음으로 인연을 맺게 됩니다. 대학원 시험을 치르느라 그만두었던 육종학을 다시 시작한 것이지요. 여러 농작물 가운데서도 옥수수 육종을 골랐습니다.

김순권은 지금까지 시험에 세 차례나 떨어졌습니다. 그런데 이 세 차례의 시험에 한 번이라도 합격했다면, 아마도 옥수수와 인연을 맺지 못했을 겁니다.

상업 고등학교에 합격했다면 은행원이 되었을 테고, 농협 시험에 합격했다면 농협 직원이 되었을 테고, 대학원에 합격했다면 농업 경제학 교수가 되었을 테지요. 옥수수와 인연을 맺게 하려고 꼭 누군가 이리로 이끌어 오기라도 한 것처럼 생각될 정도입니다.

아무튼 김순권은 농촌진흥청 옥수수과에서 일하게 되었습니다. 농촌진흥청에는 벼과, 보리과, 콩과, 옥수수과 같은 여러 과가 있었습니다. 과마다 맡겨진 농작물을 연구하였지요. 김순권이 들어간 옥수수과는 인기가 없었습니다. 연구원들은 우리 나라 사람들이 주로 먹는 농작물을 다루는 벼과나 보리과로 가서 연구하기를 바랐지요.

'나도 벼과나 보리과로 옮길까?'

때때로 이런 마음이 들기도 했습니다. 그런데 어쩐지 옥수수가 마음에 들었습니다. 어릴 때 옥수수를 맛있게 먹던 기억도 났습니다.

'그래, 옥수수를 연구해 보자.'

아무튼 김순권은 농촌진흥청에 들어오면서부터 오랫동안 꿈꾸어 왔던 육종학자의 길을 걷게 되었습니다. 그것도 옥수수 육종을 하게 된 것입니다.

그런데 시간이 지날수록 점점 더 옥수수가 마음에 들었습니다. 옥수수는 품종 개량으로 수확을 가장 많이 늘릴 수 있는 농작물이었습니다. 그래서 사람들은 옥수수 육종을 '육종학의 예술' 이라고 하기도 했습니다.

'옥수수과에 오기를 참 잘했어. 옥수수는 무엇보다 아주 가난한 사람들이 재배하는 농작물이야. 논 한 떼기 없는 가난한 산골 농사꾼들이 많은 수확을 얻을 수 있게 해 봐

야지.'

그런데 이 무렵 놀라운 일이 일어났습니다.

미국 사람인 밀 육종학자 노만 볼록이 노벨 평화상을 받은 것이었습니다. 수확을 많이 거둘 수 있는 밀 품종을 개발해서 인도와 파키스탄 사람들 수억 명을 굶주림에서 구해 냈기 때문이지요.

'정말 육종학은 가난한 사람을 위한 학문이구나. 나도 좋은 옥수수 품종을 만들어서 가난한 농민들이 배불리 먹을 수 있게 한다면 얼마나 좋을까?'

노만 볼록이 수억의 굶주린 사람들을 구해 냈다는 소식을 들은 김순권은 육종학을 하겠다는 마음을 더욱 굳혔습니다.

'노만 볼록이 밀로 수억의 굶주린 사람들을 구했다면, 나는 옥수수로 굶주린 우리 농민들을 구하자.'

이렇게 마음을 먹자 마음이 바빠졌습니다. 조금이라도 빨리 육종학의 모든 것을 배우고 싶었습니다. 그렇지만 우리 나라는 육종학이 뒤떨어져 있었습니다.

'그래, 육종학이 가장 발전한 미국에 가서 공부를 하고 오자.'

그런데 미국으로 유학을 가려면 돈이 많이 있어야 했습니다. 김순권에게 그런 돈이 있을 리 없었지요.

딱 한 가지 방법은 있었습니다. 미국 정부에서 유학에 필요한 학비와 생활비를 대 주는 동서문화센터 장학생으로 뽑히는 것이었습니다.

그렇지만 그 시험에 붙는다는 건 정말 하늘의 별따기와 같았습니다. 전국에서 내로라하는 젊은이들이 머리를 싸매고 공부해서 장학생 선발 시험을 치르기 때문입니다.

시험에 세 차례나 떨어진 적이 있는 김순권에게 이 시험은 너무나 어렵게 느껴졌습니다. 그렇지만 이번에 뽑히지 못하면 유학도 육종학도 물거품이 된다고 생각하니 오기가 생겨났습니다.

그래서 다시 준비를 해 시험을 치렀습니다.

이번에는 당당히 합격했습니다. 대학원 시험을 보느라 엉덩이가 짓무르도록 공부한 게 열매를 맺은 것이었지요.

이렇게 해서 김순권은 육종학을 배우러 미국에 있는 하와이 대학으로 유학을 떠나게 되었습니다.

김순권은 낯선 하와이 땅에 발을 디뎠습니다. 첫날 묵은 곳은 호놀룰루에 있는 동서문화센터 기숙사였습니다. 김순권은 오랜 비행기 여행을 한 끝이라 일찌감치 잠자리에 들었습니다. 그런데 막 잠이 들려던 참이었습니다. 갑자기 밖에서 '쏴아' 하고 비 퍼붓는 소리가 들렸습니다.

"어! 홍수가 났나?"

김순권은 벌떡 일어나 창 밖을 내다보았습니다. 그런데 그 소리는 비 오는 소리가 아니라 잔디밭에 물을 뿌리는 스프링클러*물뿌리개에서 나는 소리였습니다.

여러 개의 스프링클러에서 하얀 물살이 시원스레 쏟아지는 걸 보고 김순권은 입이 딱 벌어졌습니다. 잠도 멀찌감치 달아났습니다.

"야, 정말 엄청나다! 우리 나라에는 농촌진흥청 작물 시험장에도 스프링클러 한 대 없는데, 잔디밭에까지 스프링

클러를 설치해 놓았다니!"

　김순권은 창가에 서서 시원스런 물줄기를 바라보며 마냥 서 있었습니다.

　'어린아이들까지 나서서 밤새 물을 나르는 우리 농촌에 견주면 여긴 정말 천국이야. 우리 농민들도 저런 스프링클

러 한 대씩만 가질 수 있다면 얼마나 좋을까?'

　놀랍고 부러운 일은 이뿐만이 아니었습니다. 미국 농민들이 사는 모습은 정말이지 눈이 빙빙 돌 정도로 풍요로웠습니다.

　널찍한 거실에는 텔레비전, 비디오, 전축이 놓여 있고, 커다란 냉장고 안에는 먹을 것이 넘쳐났습니다. 수도꼭지만 틀면 뜨거운물, 찬물이 콸콸 쏟아지고, 집 앞에는 자가용이 두세 대씩 서 있었습니다.

잘 익은 복숭아처럼 볼이 발그레하고 통통한 미국 아이들을 보고 있으면, 며칠씩 굶어 배가 불룩 나오고 눈이 퀭한 우리 농촌의 아이들이 떠올라 눈물이 핑 돌았습니다.

그 당시, 우리 나라는 정말이지 가난했습니다. 텔레비전은 동네에 한 대가 있을까 말까 했고, 냉장고나 자가용은 구경하기도 어려웠습니다.

그런데 이보다 더 놀랍고 부러운 것은 일리노이 주의 옥

수수 밭이었습니다. 미국에서 옥수수가 가장 많이 나는 일리노이 주로 견학을 간 김순권은 그곳의 넓디넓은 옥수수 밭을 보고 아예 넋이 나가 버렸습니다.

옥수수 밭이 얼마나 넓은지 눈앞에 보이는 건 모두 옥수수뿐이었습니다. 버스를 타고 달려도 달려도 옥수수 밭은 끝이 나오지 않았지요. 옥수숫대에 맺혀 있는 옥수수 이삭

은 또 얼마나 크고 단단한지 저절로 입이 벌어졌습니다.

김순권은 달리는 버스 안에서 기도하였습니다.

'하느님, 미국 농민에게는 이렇게 넓은 땅과 크고 잘생긴 옥수수를 주시면서, 왜 우리 농민들에게는 좁은 땅과 작고 볼품없는 옥수수를 주십니까? 우리 농민들도 잘살 수 있도록 크고 잘 자라는 옥수수를 주십시오. 제가 그런 옥수수를 개발할 수 있게 해 주십시오.'

기도하는 김순권의 두 눈에서 주르르 눈물이 흘러내렸습니다.

옆자리에 앉아 있던 미국인 할머니가 물었습니다.

"젊은이, 왜 그렇게 울고 있어요? 무슨 괴로운 일이라도 있는 모양인데, 내가 도와줄까요?"

"아닙니다, 할머니. 저는 한국 사람인데, 옥수수가 너무 좋아서 울고 있습니다."

할머니는 눈을 동그랗게 뜬 채 김순권의 눈을 뚫어져라 바라보았습니다. 초라한 차림의 동양 청년이 옥수수가 좋아서 울고 있다니, 이상하게 볼 만도 했지요.

'옥수수 씨앗만으로도 가난한 우리 나라를 구할 수 있어. 우리 나라뿐 아니라 세계의 가난한 사람들을 위해서도 큰일을 할 수 있겠어.'

김순권은 미국 대륙의 드넓은 옥수수 밭을 보고 나서 옥수수 연구에 미치다시피 했습니다. 미국의 옥수수라고 처음부터 그렇게 좋던 것은 아닙니다. 육종학자들이 좋은 품종을 개발한 덕분이었지요.

'미국 농민을 잘살게 해 준 육종학을 하나도 빼지 말고 다 배우자. 그리고 하루빨리 돌아가 우리 농촌을 잘살게 만들어야 해. 1분 1초라도 허비해서는 안 돼. 내가 한눈을 파는 시간만큼 우리 농민이 배고픈 시간도 늘어나는 거야. 3년 안에 석사, 박사 학위를 모두 받자.'

3년 안에 석사, 박사 학위를 받는다는 것은 무척 어려운 일이었습니다. 유학을 오면 보통 박사 학위 하나만 받으려 해도 대여섯 해는 걸렸거든요.

 ## 옥수수 올림픽 금메달

하와이 대학에서 김순권은 브루베이커 교수의 가르침을 받았습니다.

브루베이커 교수는 세계에서 손꼽히는 옥수수 육종학자였습니다. 그분이 펴낸 책들은 세계의 여러 농과대학에서 교과서로 쓸 만큼 누구나 실력을 인정하는 학자였지요.

그런데 그런 이름난 학자가 강의가 없는 시간이면 언제나 농장에 와 농사꾼처럼 일을 했습니다. 옥수수 밭에서

웃통을 벗고 일꾼들 사이에 섞여 일하는 모습을 보고 김순권은 큰 감명을 받았습니다.

'저렇게 큰 학자도 농사꾼처럼 일을 하시는구나.'

브루베이커 교수는 옥수수와 이야기도 나누었습니다.

"어디 아픈 데 없니?"

"……."

"응, 그래. 목이 마르다고? 걱정 마라. 이제 곧 물을 줄 테니."

옥수수는 아무 말도 하지 않았지만, 브루베이커 교수는 마치 옥수수의 말을 알아듣는 것만 같았습니다. 그 모습을 곁에서 지켜보고 있으면 어찌나 신기한지 시간 가는 줄도 모를 정도였습니다.

그때, 브루베이커 교수는 갖가지 병충해를 이겨 내는 옥수수 품종을 연구하고 있었습니다.

여러 가지 종자들을 수없이 교배해서 병충해를 이겨 내는 새 품종을 찾아내는 것이었지요. 김순권은 브루베이커 교수의 손끝에서 이루어지는 일들이 그렇게 신기할 수가 없었습니다.

김순권은 강의 시간을 빼고는 거의 모든 시간을 옥수수 농장에서 살다시피 하면서 브루베이커 교수를 도왔습니다.

옥수수 씨앗을 심고, 꽃가루를 묻혀 주는 교배를 하고, 수확하는 일을 날마다 되풀이했습니다. 일꾼들이 커피를 마시며 쉬는 때에도 김순권은 쉬지 않고 일했습니다. 고등학교에 떨어진 뒤 한 해 동안 아버지를 도와 농사를 지어 본 게 아주 큰 도움이 되었습니다.

"하하, 김 군은 옥수수를 기계보다도 더 빨리 심는군."

브루베이커 교수는 김순권이 일하는 모습을 보고 감탄했습니다.

"여보게, 내일은 아침 일곱 시에 나와서 교배를 시작하게."

"알겠습니다, 교수님."

교배란 수꽃이삭의 꽃에서 꽃가루를 받아 암꽃이삭의 꽃에 묻혀 주는 일인데, 동물로 치면 짝짓기와 같은 것입니다. 서로 다른 종자끼리 교배를 시키면, 거기서 맺히는 이삭은 새로운 품종의 옥수수가 되는 것이지요. 옥수수는 한 그루에 암꽃이삭과 수꽃이삭이 따로 있는 식물이랍니다.

이튿날 아침, 농장으로 들어선 브루베이커 교수는 깜짝 놀랐습니다. 김순권이 온 몸이 땀에 푹 젖은 채 앉아 있었기 때문입니다. 김순권은 아침 여섯 시에 농장에 나와 벌써 교배를 모두 끝낸 참이었습니다.

"아니, 김 군! 벌써 교배를 마쳤나?"

"네, 교수님."

"내가 할 일까지 다 해치웠군. 정말 고맙네, 고마워."

브루베이커 교수는 고맙다는 말을 수없이 되풀이하였습니다.

얼마쯤 지나 브루베이커 교수는 김순권에게 농장을 관리하는 일을 통째로 맡겨 버렸습니다. 아주 열심히 일하기 때문에 믿고 맡길 수 있었던 것이지요.

김순권은 옥수수 밭에서 살다시피 했습니다. 밥 먹으러 식당까지 가는 시간이 아까워서 날옥수수로 끼니를 때운 적도 많았습니다. 브루베이커 교수는 이렇게 소처럼 부지

런히 일하는 제자에게 마음을 다해 자신이 알고 있는 것을 가르쳤습니다.

김순권은 정말 아무도 못 말릴 만큼 열심히 일했습니다. 가난한 우리 농민을 돕겠다는 마음이 한시도 떠나지 않았기 때문입니다.

한번은 미국의 여러 농과대학 학생들과 함께 종자 회사

로 현장 실습을 간 적이 있었습니다.

백 명쯤 되는 실습생들이 밭에서 옥수수 교배하는 일을 했는데, 한 시간도 지나지 않아 김순권은 다른 실습생들을 멀찌감치 따돌려 버렸습니다.

"와, 정말 빠르다. 옥수수 교배 올림픽이 있다면 저 친구가 금메달을 따겠어."

다들 놀란 눈으로 김순권을 바라보았습니다.

실습을 마치고 하와이 대학으로 돌아오자 브루베이커 교수가 김순권을 불렀습니다. 브루베이커 교수는 흐뭇한 웃음을 지으며 편지 한 장을 내밀었습니다.

"이 편지 좀 읽어 보게."

"무슨 편지입니까?"

"자네가 실습 나갔던 종자 회사의 상무가 내게 보내 온 편지일세."

그 편지에는 이렇게 쓰여 있었습니다.

"그 동안 우리 회사로 수많은 실습생들이 다녀갔습니다. 그런데 김순권 군만큼 헌신적으로 일하는 학생은 본 적이 없습니다. 김 군이 한 일을 보면 한 사람이 했다고는 도저히 믿기지 않을 정도입니다. 정말 뛰어난 학생입니다."

김순권은 마음이 뿌듯했습니다. 나라를 대표해서 큰일을 해낸 것 같은 기분이 들었지요. 옥수수 육종을 잘할 수 있겠다는 자신감도 생겨났습니다.

'나는 가난한 나라에서 온 가난한 유학생이지만, 얼마든지 세계적인 학자가 될 수 있어. 그리고 우리 나라에 맞는 좋은 옥수수 품종도 얼마든지 개발할 수 있어.'

하와이는 참 아름다운 섬입니다. 하얀 모래밭에 하늘 높이 솟아오른 야자나무가 어우러진 와이키키 바닷가는 누구나 가 보고 싶어하는 곳이지요.

그렇지만 김순권은 유학을 하는 동안 와이키키 바닷가를 단 한 차례도 마음 편히 거닐어 본 적이 없었습니다. 늘 다람쥐 쳇바퀴 돌듯 연구실과 옥수수 밭을 오가며, 옥수수 육종을 연구했기 때문입니다. 김순권에게는 그토록 아름답다는 와이키키 바닷가보다 바람에 일렁거리는 옥수수 밭이 더 아름다워 보였습니다. 마음속에 옥수수 말고 다른 것이

들어갈 자리가 없었던 것이지요.

  낮에 옥수수 밭에서 꼬박 일을 하고, 밤에는 열두 시가 넘을 때까지 연구실에서 공부를 했습니다. 그러다가 꼬박 밤을 새는 날도 많았지요.

  하루는 새벽 두 시까지 공부를 하다가 연구실을 나서는데, 어디선가 귀에 익은 노랫소리가 들려왔습니다.

  "아리랑 아리랑 아라리요……."

  가만히 들어 보니, 한국 유학생들이 술을 마시며 부르는 노랫소리였습니다. 머나먼 땅에서 그렇게나마 조국에 대한 그리움을 달래고 있었던 것이지요.

  김순권은 멀찌감치 유학생들이 노래 부르는 모습을 지켜보다가 연구실로 돌아왔습니다.

  '어렵게 유학을 와서 저렇게 놀고 있으니, 나라도 더 열심히 공부해야겠어. 내가 한 시간을 낭비하면, 우리 농민이 1년 더 배고픔을 겪어야 할지도 몰라.'

  그날, 김순권은 연구실에서 밤을 꼬박 새워 가며 공부했습니다.

그렇게 밤을 새우는 날이 하루 이틀이 아니었습니다. 그러다 보니 몸이 약해졌지요. 오랫동안 의자에 앉아 있다 보니 치질까지 생겼습니다. 치질에 걸렸다고 공부를 쉴 수는 없었습니다. 그러다 보니 점점 심해져서 나중에는 수술까지 받아야 했습니다.

"수술은 잘되었습니다. 이제 한 주 정도 푹 쉬고 나서 퇴원하십시오."

의사가 이렇게 말했지만, 한가하게 한 주씩이나 병원에 누워 있을 수는 없었습니다. 공부도 해야 하고, 농촌진흥청에 보낼 보고서도 써야 했습니다.

나흘째 되는 날, 김순권은 의사에게 퇴원을 하겠다고 우겼습니다.

"이제 충분히 쉬었으니 퇴원을 하겠습니다."

"안 됩니다. 아직 며칠 더 쉬어야 합니다."

"이제 아무렇지도 않습니다. 걱정 마시고 퇴원하게 해 주십시오."

하도 우기는 통에 의사는 할 수 없이 퇴원을 허락해 주었습니다.

　김순권은 기숙사로 돌아와 보고서를 쓰기 시작했습니다. 그렇게 의자에 앉아 두 시간쯤 지나자 기운이 빠지고 식은땀이 나서 도저히 더는 앉아 있을 수가 없었습니다. 그래서 침대에 누워 잠을 청했습니다. 그런데 갑자기 엉덩이가 축축해지는 느낌이 들었습니다. 얼른 화장실로 가 변기에 앉았습니다. 그러자 수술 받은 곳에서 걷잡을 수 없이 피가 쏟아져 나왔습니다.

　"으악!"

　김순권은 비명을 지르며 그 자리에서 정신을 잃었습니다. 비명을 듣고 달려온 사람들이 김순권을 병원으로 옮겼습니다.

　눈을 떴을 때는 아침이었습니다.

　의사가 김순권에게 말했습니다.

　"피를 그렇게 많이 쏟고도 살아난 건 기적입니다, 기적. 내 말을 안 듣더니 이게 무슨 꼴입니까?"

　그 말을 듣자 마구 눈물이 쏟아졌습니다.

'이렇게 미련한 나를 하느님께서 살려 주셨구나.'

그렇게 무섭게 공부한 덕분에 김순권은 처음 마음먹은 대로 3년 하고 석 달 만에 석사와 박사 학위를 모두 딸 수 있었습니다.

 ## 조국으로 돌아가자

"월급으로 2천 달러를 줄 테니 우리 회사로 오십시오."

"우리 회사에서는 3천 달러를 주겠소."

박사 학위를 받자마자 미국의 여러 종자 회사에서 서로 와 달라는 제의가 쏟아져 들어왔습니다. 어느 회사나 한국의 공무원이 받는 월급의 몇십 배나 되는 돈을 준다고 했습니다.

그렇지만 김순권이 미국에서 육종학을 공부한 까닭은 돈

을 벌기 위한 것이 아니었습니다. 가난한 우리 농민들을 위해서였지요.

"저는 조국으로 돌아가서 할 일이 많습니다."

김순권은 생각할 것도 없이 한마디로 거절했습니다.

곧 졸업식이 다가왔습니다. 김순권은 졸업식을 기다릴 수가 없었습니다. 하루라도 빨리 돌아가 새 품종 옥수수를 개발해야 한다는 생각으로 머릿속이 꽉 차 있었습니다. 주위 사람들은 서둘러 돌아가려는 김순권을 말렸습니다.

"몇 달만이라도 여기에 더 머물면서 돈을 좀 모으지 그러세요."

"여기서 몇 달만 벌어 돌아가면 집을 한 채 사고도 남을 텐데……."

맞는 말이었습니다. 김순권은 유학을 하면서 결혼을 했는데, 이때 아내는 호텔 식당에서 종업원으로 일하면서 한 달에 천 달러가 넘는 돈을 벌고 있었습니다. 게다가 장학금으로 다달이 3백 달러를 받을 수 있기 때문에 몇 달이면 큰돈을 모을 수 있었지요.

한국에서는 공무원 월급이 겨우 50달러쯤이었으니, 한국에서 몇천 달러라면 정말 큰돈이었습니다. 이런 까닭에 유학생들은 장학금을 받을 수 있는 기간인 5년이 지나도 그대로 미국에 머무르는 일이 많았습니다. 장학금이 끊긴다 해도 식당이나 가게에서 일을 하면 꽤 큰돈을 벌 수 있었지요.

그래서 너도나도 자기 나라로 돌아가는 것을 자꾸 미루었습니다. 김순권은 그런 유학생들이 참으로 한심해 보였습니다. 그래서 그런 유학생을 만나면 다짜고짜 따지고 들었습니다.

"가난한 조국을 모른 체하고 혼자만 잘살겠다고 미국에 눌러앉는다는 게 말이나 되는 소리입니까? 당신처럼 많이 배운 사람이 미국에서 시간을 헛되이 보내고 있으면 우리나라가 어떻게 되겠습니까? 어서 조국으로 돌아가서 일을 해야지요."

"맞는 말이지만, 그게 어디 말처럼 쉽습니까?"

유학생들은 부끄러워 얼굴을 붉히면서도 선뜻 김순권의

말을 따르지는 않았습니다. 자꾸 그런 이야기를 하자 나중에는 김순권을 슬슬 피하는 사람까지 있었습니다. 이런 김순권이 돈을 벌려고 미국에 더 머물 리가 없었습니다. 하루라도 일찍 돌아가려고 졸업식을 앞두고 한국으로 가는 비행기에 올랐지요.

김순권의 짐 속에는 3년 동안 틈틈이 모아 놓은 옥수수 종자 2천 개가 들어 있었습니다.

'이제 이 종자로 우리 나라에 맞는 새로운 옥수수 품종을 만들어 내자.'

김순권의 눈앞에는 벌써 푸른 옥수수 밭이 일렁거리고 있었습니다.

미국에서 돌아온 바로 이튿날, 김순권은 농촌진흥청으로 출근하였습니다. 출근하자마자 김순권은 옥수수 밭으로 갔습니다.

3년 만에 다시 보는 우리 옥수수 밭이 반갑다고 손짓하는 것 같아 입가에 웃음이 맴돌았습니다.

'그래, 이곳에서 미국 옥수수보다 더 훌륭한 옥수수 품종을 만들어 내자.'

김순권의 마음은 희망으로 가득 부풀어 올랐습니다.

그렇지만 농촌진흥청은 연구에 몰두할 수 있는 분위기가 아니었습니다. 시설이 좋지 않은 것이야 그렇다 해도, 연구실에 아홉 명의 직원이 북적대고 있으니 도무지 연구를 할 수가 없었습니다.

게다가 벼 말고는 제대로 연구를 하고 있는 농작물이 없었습니다. 외국에서 박사 학위를 받고 돌아온 연구원들은 대우가 더 좋은 대학 교수나 외국의 연구원으로 떠나 버렸습니다. 그런가 하면 옥수수는 벼와 보리에 밀려 푸대접을 받고 있었지요.

직원들 사이에서는 나쁜 소문까지 나돌았습니다.

"김순권 씨 말이야, 알고 보니 박사 학위를 못 받았다더군."

"박사 학위를 못 받아서 일찍 돌아왔다던데……."

"내참, 그럴 걸 뭐 하러 유학을 가."

　높은 사람들 가운데에는 '학위 수여증'을 못 보았으니 박사 학위를 진짜 받았는지 알아 봐야겠다는 말을 하는 사람도 있었습니다. 졸업식에 참석하지 않고 돌아왔으니 학위 수여증이 있을 리 없었습니다.

　김순권은 섭섭하기 이를 데 없었습니다. 하루라도 빨리 새 옥수수를 개발하려는 마음에 졸업식도 팽개치고 돌아왔는데, 이런 마음을 알아주기는커녕 이상한 소문이나 퍼뜨리다니!

'내가 뭐 하러 허둥지둥 돌아왔는지 모르겠어. 유학생들이 미국에서 돌아오지 않으려 하는 것도 다 까닭이 있었던 거야. 다시 미국으로 돌아가 버릴까?'

하루에도 몇 번씩 이런 생각이 머리를 스쳤습니다. 그래서 언제든 그만두겠다는 생각으로 사직서를 써 서랍 속에 넣어 두었지요. 일도 손에 잡힐 리가 없었습니다.

김순권은 답답한 마음을 풀 길이 없어 브루베이커 교수에게 편지를 보냈습니다. 다시 미국으로 갔으면 좋겠다고 썼지요.

며칠 뒤 답장이 왔습니다.

"한국의 가난한 농민들을 위해 새 옥수수 품종을 개발하겠다고 졸업식에도 참석하지 않고 서둘러 돌아간 사람이 누군가? 그쯤의 어려움 때문에 다시 미국으로 온다는 것은 부끄러운 일이네."

정말 미국으로 가겠다는 뜻은 아니었습니다. 하도 힘이

들어 푸념을 해 본 것뿐이었지요. 그런데 브루베이커 교수의 답장을 받고 보니 가슴이 뜨끔했습니다.

'브루베이커 교수님 말씀이 옳아. 우리 농촌을 잘살게 하겠다고 마음먹은 게 엊그제인데 이 정도 일로 마음이 꺾인다면 그 동안 힘들여 공부한 게 다 물거품이 되는 거야. 누가 뭐라 하건 상관 말고 새 옥수수 품종을 만들어 내자.'

김순권은 다시 마음을 가다듬었습니다. 사직서도 찢어 버렸습니다. 그러고 나니 마음이 후련했습니다. 이제 옥수수 연구에 온 마음을 기울일 수 있게 되었지요.

김순권이 연구하는 옥수수 밭은 수원 작물 시험장에서 2킬로미터쯤 떨어진 곳에 있었습니다.

낡은 청바지에 허름한 점퍼 차림으로 자전거를 타고 그 길을 오가는 김순권은 어느 모로 보나 미국에서 박사 학위를 받고 온 학자로 보이지 않았습니다. 시골 농사꾼이나 군고구마 장수쯤으로 보였지요.

이른 아침부터 저녁때까지 밭에서 수천 개의 종자를 교배시키는 게 김순권의 일이었으니 당연히 허름한 작업복을

입어야지요.

하루 내내 교배를 하다 보면 손이 부르트고 뒷목이 뻣뻣해졌습니다. 그렇지만 이튿날 새벽이면 다시 밭에 나가 같은 일을 되풀이했습니다.

"우리 농민들을 살려 줄 기적의 옥수수가 너희들 가운데 반드시 나와야 한다."

이렇게 날마다 옥수수와 살다시피 하다 보니 자연히 김순권은 옥수수 꿈을 자주 꾸었습니다. 그날도 김순권은 옥수수 꿈을 꾸었습니다.

옥수수 두 그루를 교배시켰는데, 그것이 무럭무럭 자라더니 순식간에 팔뚝만 한 이삭을 맺는 것이었습니다. 그것을 보고 무척 신이 나서 만세를 부르며 옥수수 밭을 마구 뛰어다녔습니다.

그런데 잠에서 깨어났는데도 그 옥수수의 번호가 또렷이 기억났습니다.

이튿날, 김순권은 출근하자마자 밭으로 달려가 꿈에서 본 옥수수를 찾아보았습니다.

"이럴 수가!"

김순권의 눈이 휘둥그레졌습니다. 다른 옥수수보다 이삭이 유난히 큰 옥수수가 당당히 서 있었습니다. 뿐만 아니라 병충해에도 잘 견딜 수 있다는 것을 한눈에 알아볼 수 있었습니다.

애타게 찾던 기적의 옥수수 종자가 마침내 눈앞에 나타난 것입니다.

그렇지만 아직 기뻐하기에는 일렀습니다. 이 종자가 보통 밭에서도 잘 자라 줄지 확실하지가 않았으니까요.

이듬해 봄이 오자, 김순권은 새 종자를 강원도에 있는 어느 밭에 심었습니다. 여기서도 옥수수가 잘 자라 주어야 성공하는 것입니다.

'혹시 옥수수가 잘못되지는 않을까?'

옥수수가 자라는 몇 달 동안 김순권은 걱정이 되어 속이 온통 새카맣게 타들어 가는 것만 같았습니다.

봄이 가고 여름도 가고, 드디어 옥수수를 수확할 때가 되었습니다. 김순권은 옥수수가 잘 자랐는지 보려고 강원도 홍천과 평창, 영월로 갔습니다.

옥수수 밭을 보는 순간, 김순권의 입이 함지박만 하게 벌어졌습니다. 웬만한 바람에는 끄떡도 않을 만큼 굵은 옥수숫대가 눈앞에 펼쳐졌습니다. 옥수수 이삭을 따서 껍데기를 벗겨 내 보니 알갱이도 빽빽하게 여물어 있었습니다.

미국 일리노이에서 눈물을 흘리며 보았던 옥수수보다도 훨씬 크고 튼실했습니다. 김순권은 떨리는 목소리로 같이 간 사람들에게 물었습니다.

"혹시 여기 심은 옥수수만 이런 건 아니겠지요?"

"그럼 다른 곳에도 가 보시지요."

홍천, 평창, 영월 할 것 없이 어느 곳이나 옥수수는 잘 자라 있었습니다.

"박사님, 어딜 가나 옥수수 이삭이 우리 팔뚝만 합니다. 박사님, 기어코 성공하고야 말았습니다."

김순권은 기쁜 마음에 옥수수 이삭을 끌어안고 마구 입을 맞추었습니다.
"하하하, 정말 성공이다! 성공이야!"

 ## 실패하면 제가 감옥 가겠습니다

얼마 뒤 김순권은 하와이에 있는 몰로카이 섬으로 떠났습니다.

농민들에게 나누어 주려면 씨앗이 많아야 합니다. 그러자면 옥수수를 많이 심어 씨앗을 많이 생산해야만 했지요.

하지만 우리 나라에서는 겨울에 옥수수를 심을 수가 없었습니다.

그래서 1년 내내 따뜻한 열대 지방 하와이에서 씨앗을

생산하려는 것이었습니다.

몰로카이 섬은 다미안 신부가 문둥병 환자들을 돌보다가 자기도 문둥병에 걸려 세상을 떠난 곳이기도 합니다.

김순권은 몰로카이 섬에 자그마치 옥수수 55만 포기를 심었습니다. 그리고 날마다 새벽 다섯 시에 일어나 밭으로 나가 옥수수를 돌보았지요. 미처 날이 밝지 않아 잘 보이지 않으면, 자동차 전조등을 켜고 앞줄에 있는 옥수수부터 살펴보았습니다. 그러면서 기도하는 마음으로 중얼거렸습니다.

"옥수수야, 제발 잘 자라다오. 너희가 제대로 자라지 않으면 우리 농민들에게 씨앗을 나누어 줄 수가 없단다."

"사랑하는 옥수수야, 제발 건강하게 자라서 나와 함께 한국으로 가자꾸나."

그 해에 몰로카이 섬에는 유난히 바람이 많이 불었습니다. 옥수수는 암꽃이삭과 수꽃이삭이 따로 있는 식물입니다. 그런데 바람이 세게 불면 꽃가루가 날아가 버려 꽃가루받이가 잘 안 되지요. 그러면 이삭이 잘 여물지 않습니다. 씨앗 한 알갱이가 아쉬운 마당에 그냥 보고만 있을 수는 없었습니다.

그래서 김순권은 옥수수 55만 포기를 하나하나 손으로 교배시켰습니다. 수꽃이삭에서 꽃가루를 받아 암꽃이삭의 꽃에 묻혀 주는 일이었지요. 생각해 보세요. 옥수수 55만 포기를 하나하나 손으로 교배시킨다는 것이 얼마나 어려운 일인지 말이에요.

캄캄한 새벽에 나와 하루 내내 교배를 시키고 나면, 어느새 하늘에 별이 총총 떠올랐습니다. 점심도 밭에서 우유와 샌드위치로 때웠습니다.

이렇게 며칠 동안 교배를 시키고 나니, 손이 부르트다 못해 갈라지고 터졌습니다. 발은 퉁퉁 부어 걷기조차 힘들었지요. 밭일하는 데에는 이골이 난 김순권이었지만, 그 자리에 주저앉고 싶은 마음이 들 때가 한두 번이 아니었습니다. 그럴 때마다 김순권은 다미안 신부를 떠올리며 기도를 올렸습니다.

'하느님, 다미안 신부는 자기 입으로 문둥병 환자들에게서 고름을 빨아내면서까지 그들을 돌보았습니다. 그러다 끝내 자기도 문둥병에 걸려 세상을 떠났지요. 저도 이 옥수수 씨앗으로 가난한 우리 농민들에게 사랑을 전할 수 있게 도와주세요.'

정말이지 죽을힘을 다해 옥수수를 돌본 덕분에 김순권은 많은 옥수수 씨앗을 거둘 수 있었습니다. 몰로카이 섬에는 미국과 프랑스 종자 회사에서도 종자를 얻으려고 옥수수를 심었는데, 김순권은 이 회사들보다 두 배나 많은 수확을 거두었습니다.

'아, 해냈구나. 내가 해냈어.'

김순권은 옥수수 씨앗을 비행기에 싣고 태평양을 건너 조국으로 돌아왔습니다.

이튿날, 김순권은 농촌진흥청장에게 잘 다녀왔다는 인사를 하러 갔습니다.

"청장님, 농민들에게 나누어 줄 옥수수 씨앗을 준비해 왔습니다."

"멀리서 혼자 고생 많았네."

그런데 인사를 받는 청장의 얼굴이 이상하게 밝지 않았습니다.

"자네가 몰로카이 섬에 가 있는 동안 이 품종이 성공할 거라고 말하는 사람이 하나도 없었네. 외국 학자들도 하나같이 불가능하다고 말하더군. 자네가 고생한 것은 알지만, 씨앗은 창고에 넣어 두는 게 좋겠네."

김순권은 어안이 벙벙해서 한동안 아무 말도 하지 못했습니다. 죽을 고생을 해 가며 겨우 씨앗을 늘려 왔는데, 심지도 않고 창고에 넣어 두라니, 이 무슨 아닌 밤중에 홍두깨 같은 소리인가요?

처음에 청장은 김순권의 새 옥수수 품종에 큰 기대를 품었습니다. 옥수수를 시험 재배한 강원도 홍천과 영월에 가서 팔뚝만 한 옥수수를 직접 눈으로 보기까지 했지요. 그런 분이 이렇게 말한다는 게 김순권으로서는 잘 믿어지지 않았습니다.

좋은 옥수수 품종을 개발해 놓고도 농민들이 심어 보지도 못한다는 것은 말이 되지 않았습니다. 김순권은 목숨을 걸고서라도 이 옥수수를 농민들에게 심게 해야 한다고 생각했습니다.

"청장님, 이 옥수수를 심어 실패한다면 제가 10년 동안 감옥살이를 하겠습니다. 씨앗을 생산해 오느라 들인 돈도 제가 다 물어내겠습니다."

"자네 마음이 어떤지는 나도 아네. 그렇지만 다들 안 된다는데 고집을 피울 수도 없지 않은가?"

농촌진흥청의 여러 연구원들은 새 품종이 실패할 테니 심어 볼 필요도 없다고 주장했습니다. 세계에서 가장 큰 옥수수 연구 단체인 '국제 옥수수밀 연구소'에서 공부하고 돌아온 한 연구원이, '한국에서는 새 옥수수 품종이 절대로 성공할 수 없다'고 한 말을 다들 그대로 믿었기 때문입니다.

그 무렵, '국제 옥수수밀 연구소'에서는 한국처럼 가난한 나라에서는 새 품종이 절대로 성공할 수 없다는 주장을 폈습니다. 새 품종은 큰 종자 회사가 있는 선진국에서나 가능하다는 것이었지요. 그곳에서 공부를 하고 돌아온 연구원이 그 생각을 퍼뜨린 것입니다.

그 때문에 연구원들은 모두 새 옥수수 품종이 실패할 것이라고 여겼습니다. 심지어 어떤 사람들은 김순권이 씨앗을 늘린다는 핑계로 겨울 동안 따뜻한 하와이에서 휴가를 즐기고 왔다는 얼토당토않은 소문을 퍼뜨리기까지 하였습니다.

김순권은 가난한 나라에서도 새로운 품종이 성공할 수 있다고 굳게 믿었습니다. 그런 믿음이 없었다면 미국 유학까지 가서 육종학을 공부할 필요조차 없었지요. 김순권은 그대로 물러설 수 없었습니다.

"농민들에게 도움이 될 옥수수를 개발해 놓고도 심어 보지도 못한다는 건 말도 안 됩니다. 단 한 번만이라도 시험 재배를 할 수 있게 해 주십시오."

김순권은 물러서지 않고 거듭거듭 부탁했습니다. 그러자 청장도 마지못해 허락을 했습니다.

"자네 생각이 정 그렇다면, 우선 절반만이라도 강원도와 충청북도, 경상북도 농가에 나누어 주어 심어 보도록 하게."

김순권의 입에서 안도의 한숨이 새어 나왔습니다. 씨앗의 절반이 창고에서 썩어 가야 한다는 것은 안타깝기 그지없었지만, 나머지 절반이나마 심을 수 있다는 게 얼마나 다행스럽고 고마웠는지 모릅니다.

"청장님, 고맙습니다. 꼭 성공하겠습니다."

김순권은 청장에게 고맙다는 말을 몇 번이나 하고 물러나왔습니다. 그러고는 입술을 깨물며 마음을 굳게 다졌습니다.

"이번에 성공하지 못하면, 앞으로 몇십 년 동안 우리 나라에는 새 옥수수가 발도 붙이지 못하게 된다. 꼭 성공해야만 해."

그나마 씨앗 절반을 구하기는 했지만, 아직도 곳곳에 어려움이 도사리고 있었습니다. 농촌을 구석구석 돌아다니며 씨앗을 나누어 주어도 농민들은 씨앗을 거들떠보지도 않았습니다.

"아니, 이런 쭉정이 같은 씨앗을 심으란 말이오?"

"이건 보통 옥수수가 아닙니다. 씨앗은 작아도 수확을 할 땐 알갱이가 커집니다."

김순권이 개발한 옥수수는 씨앗의 크기가 아주 작았습니다. 그렇지만 그 씨앗을 심으면 아주 커다란 옥수수가 열리게 되는 것이었지요. 그렇지만 그 동안 늘 알갱이가 큰 씨앗만 골라 심어 오던 농민들은 그 말을 믿으려 들지 않았습니다.

"난 평생 옥수수 농사를 지었는데, 작은 씨앗에서 큰 이삭이 맺히는 걸 본 적이 없네. 올 옥수수 농사를 망치면 자

네가 책임질 텐가?"

한 할아버지는 버럭 화까지 냈습니다.

"할아버지, 이 옥수수는 그 전에 심던 것과 전혀 다른 품종입니다. 작년에 시험 재배를 해 보았는데, 수확량이 두 배가 넘었습니다. 제 말을 믿고 한번 심어 보세요. 농사를 망치면 제가 집을 팔아서라도 손해 보신 만큼 갚아 드리겠습니다."

"정 그렇다면 그 말을 믿고 한번 심어 보기는 하겠네."

할아버지는 겨우 옥수수 씨앗을 받았습니다.

거의 모든 농민들이 이 할아버지처럼 김순권의 말을 믿으려 하지 않았습니다. 씨앗을 공짜로 주니까 받기는 받았지만, 좋은 밭에는 다른 옥수수 씨앗을 심고, 땅이 안 좋은 밭에는 새 옥수수 씨앗을 심는 일이 많았지요.

나쁜 밭에라도 심어 주기만 한다면 그나마 다행이었습니다. 어떤 농민은 씨앗을 자루째 땅 속에 파묻어 버리기도 했으니까요. 씨앗 한 톨이라도 더 만들어 내려고 고생하던 때를 떠올리면 기가 막힐 노릇이었지만, 어쩔 도리가 없었습니다. 수확이 몇 배나 많은 탐스러운 옥수수를 농민들에게 직접 보여 주어야만 믿을 테지요.

그렇게 어렵사리 농민들에게 씨앗을 나누어 주어 겨우 심을 수는 있었습니다.

그런데 더 어려운 문제가 닥쳤습니다. 새 품종 옥수수에는 물과 거름을 많이 주어야 했습니다. 그런데 농민들은 옥수수를 심어 놓기만 하고 거들떠보지도 않았습니다. 게

다가 그 해에는 몹시 심한 가뭄까지 들었습니다.

여름 내내 김순권은 옥수수 밭에서 살다시피 했습니다. 물 대랴 거름 주랴, 정말 농부들보다 더 부지런히 일을 했지요. 날이 너무 가물면 농촌 지도원들과 함께 한밤중까지 물을 대는 날도 많았습니다.

일하다 지쳐 밭이랑에 누워 하늘을 바라보면 별들이 초롱초롱 빛나고 있었지요. 그런데 그 별들이 아름답기는커녕 원망스럽기만 했습니다.

'별이 저렇게 초롱초롱하니 내일도 비 오기는 글렀구나. 이러다가 옥수수가 다 말라죽으면 어쩌나?'

이렇게 열심히 거름을 주고 물을 대 준 덕분에 다행히 옥수수는 잘 자라 주었습니다. 어느덧 대궁이 쑥쑥 자라 이삭이 맺히기 시작했지요. 그러자 쭉정이 같은 씨앗을 심어서 무엇 하느냐고 투덜거리던 농민들이 고개를 갸웃거리기 시작했습니다.

"어어, 이거 정말 수확이 훨씬 많을 거라는 말이 맞는 것도 같네. 내 지금까지 이렇게 잘 자라는 옥수수는 본 적이 없어."

"이대로만 가면 큰 풍년이 들겠어."

옥수수에 이삭이 맺힐 때쯤 되자, 옥수수를 심은 농민들은 마음이 들뜨기 시작했습니다.

밤새 세찬 바람이 불고 난 어느 아침이었습니다. 한 할아버지가 김순권을 찾아왔습니다.

"이보게, 젊은이. 내 자네 말을 믿지 않았는데, 이제 믿게 되었네."

"무슨 말씀이세요?"

"어젯밤 무섭게 바람이 불지 않았나? 그래 옥수수가 쓰러질까 걱정이 돼서 한밤중에 밭에 나가 보았더니 옥수수들이 끄떡없더란 말일세. 나무가 휘청거릴 만큼 바람이 세차게 불었는데도, 옥수수들이 멀쩡하게 서 있더란 말일세. 큰 바람에도 쓰러지지 않는 옥수수는 내 평생 처음 보네. 허허."

할아버지의 목소리가 기쁨에 떨려 왔습니다.

"자네 말대로 틀림없이 풍년이 들걸세."

정말이었습니다. 그 전에는 1단보*논밭의 면적을 나타내는 단위. 1단보=300평에 3백 킬로그램쯤의 옥수수를 거두어들였는데, 이번에는 8백에서 9백 킬로그램을 거두어들였으니까요. 농민들은 두세 배로 늘어난 옥수수를 그 전에 쓰던 가마니에 다 담을 수가 없어서 허둥거리기까지 했습니다.

이렇게 해서 그 해에 새 옥수수를 심은 농민들은 4백억 원이나 더 벌어들였습니다. 정말 큰 성공을 거둔 것이었습니다.

가난한 나라에서는 새 품종을 심어 봐야 실패할 뿐이라던 사람들 코도 납작해졌지요. 쭉정이 같은 옥수수를 심어 큰 수확을 거둔 농민들은 다들 덩실덩실 어깨춤을 추며 기뻐했습니다.

"살다 보니 이런 좋은 일이 다 있네 그려."

"그 쭉정이 같은 옥수수가 이렇게 큰 효자 노릇을 할 줄 누가 알았겠나."

"이게 다 옥수수 박사 덕분이야."

김순권은 이제 농민들에게 가장 귀한 손님이었습니다. 김순권이 온다는 소식이 전해지면 온 마을 사람들이 몰려나와 반갑게 맞아 주었지요.

그때부터 농민들은 김순권을 '옥수수 박사'라고 부르기 시작했습니다.

"옥수수 박사, 정말 고맙네."

"옥수수 박사님, 건강하십시오."

옥수수 박사라는 별명 속에는 김순권에 대한 농민들의 고마운 마음이 가득 들어 있었지요.

강원도 어느 산골 마을에 갔을 때였습니다.

허리가 잔뜩 굽은 할아버지 한 분이 다가오더니 큼지막한 꿀단지를 내밀었습니다. 그리고 눈물을 글썽이며 말했습니다.

"옥수수 박사, 내 생전에 이렇게 농사가 잘된 건 이번이 처음이네. 이번에 옥수수를 팔아 텔레비전도 사고, 냉장고도 샀지. 우리 옆집은 오토바이를 샀다네. 이게 다 자네 덕분일세. 우리 같은 농사꾼들을 위해서라도 자네는 건강해

야 하네. 변변치 않지만 이 꿀을 먹고 힘을 내게."

　기뻐하는 할아버지의 모습을 바라보는 옥수수 박사의 마음도 뿌듯함으로 가득 차올랐습니다.

 ## 일요일에도 옥수수는 자란다

　우리 농촌에서 새 옥수수 품종이 큰 성공을 거두고 나서 김순권은 아프리카에 가기로 했습니다.

　아프리카 나이지리아에는 '국제 열대 농업 연구소'라는 농업 연구소가 있었습니다. 몇 해 전부터 이 연구소는 김순권에게 연구원으로 와 달라고 초청을 했습니다. 많은 월급에다 집과 자동차까지 준다는, 군침이 넘어갈 만큼 아주 좋은 조건이었지요.

김순권은 가지 않았습니다. 새로운 옥수수 품종을 개발하다 말고 훌쩍 떠나 버릴 수는 없었습니다. 많은 월급을 준다지만, 가난한 조국을 내팽개칠 수는 없었지요.

그래서 열대 농업 연구소의 초청을 받을 때마다 한국에서 새로운 품종의 옥수수가 성공을 거둔 뒤에나 생각해 보겠다는 답장을 보냈지요.

그런데 이제 새 옥수수 품종이 큰 성공을 거두었으니, 마음 놓고 아프리카로 떠날 수 있게 된 것이었습니다.

아프리카는 가난한 땅이었습니다. 굶주리는 사람들이 헤아릴 수도 없이 많았지요. 만약에 우리 나라에서처럼 많은 수확을 거둘 수 있는 옥수수 품종을 개발해 낸다면 많은 사람들을 굶주림에서 벗어나게 할 수도 있을 것입니다. 아프리카로 가는 비행기 속에서 김순권은 생각했습니다.

'슈바이처는 의술로 가난한 아프리카 대륙에 사랑을 전했다. 나는 옥수수 씨앗으로 아프리카에서 배고픔을 몰아내겠다.'

아프리카는 옥수수 농사를 짓기에 참 좋은 곳입니다. 드넓은 땅에다가, 1년 내내 따뜻한 날씨, 퇴비 만들기에 아주 좋은 풀밭이 어딜 가나 펼쳐져 있었지요.

하지만 좋은 점만 있는 것은 아닙니다.

농사를 잘 지으려면 무엇보다 부지런해야 합니다. 그런데 아프리카 사람들은 아주 게을렀습니다. 남자들은 나무 그늘에서 빈둥빈둥 놀며 시간을 보내고, 밭일은 보통 여자들이 했습니다. 집안일까지 도맡아 하는 여자들이 밭일까지 하려니 농사가 제대로 될 리 없었습니다.

옥수수 농사를 잘 지으려면 좋은 씨앗을 골라 알맞은 때에 뿌려 주어야 합니다. 그리고 거름도 충분히 주어야 하지요.

그런데 아프리카 사람들은 어느 것 하나 제대로 하는 게 없었습니다. 씨앗도 형편없었고, 5월에 뿌려야 하는 씨앗을 6월이 다 지나서야 뿌리는가 하면, 퇴비는 더럽다고 만들 생각조차 하지 않았지요. 열심히 두엄을 만들고, 새벽부터 밭에 나가 일하는 부지런한 우리 농민과는 아주 딴판이었습니다.

게다가 아프리카는 병충해가 매우 심했습니다. 우리 나라 같은 온대 지방에서는 웬만한 병균과 해충은 추운 겨울에 죽어 버립니다. 그런데 아프리카는 1년 내내 따뜻하기 때문에 병균과 해충이 더 극성을 부리는 것입니다.

병충해가 농사를 다 망쳐도 아프리카 사람들은 하늘이 내리는 벌이라 생각하고 막아 보려 하지도 않았습니다. 병충해로 옥수수 잎이 쪼글쪼글 말라 비틀어져도 하늘만 올려다보며, "신이시여, 용서해 주소서." 하고 외쳐 대기만 했습니다.

그러니 드넓은 땅과, 한 해에 세 차례나 농사를 지을 수 있는 따뜻한 날씨도 아무 쓸모가 없었습니다. 한 해에 한 번밖에 농사를 지을 수 없는 우리 농촌보다도 수확량이 훨씬 적었으니까요. 아프리카 사람들이 늘 굶주림에 허덕이는 것도 당연한 노릇이었지요.

김순권은 옥수수 씨앗으로 아프리카에서 굶주림을 몰아내는 기적을 일으키겠다는 다짐을 하며 나이지리아에 첫발을 내디뎠습니다.

'국제 열대 농업 연구소'는 밤낮없이 연구에 몰두하는

김순권에게는 마치 천국과도 같은 곳이었습니다. 연구소 바로 옆에는 60만 평이나 되는 어마어마한 옥수수 밭이 펼쳐져 있었고, 2분 정도만 걸어가면 집이 나왔습니다. 연구 자금으로 2천만 달러라는 엄청난 돈이 정해져 있었고, 옥수수 연구를 하는 데에 혼자 쓸 수 있는 돈만 해도 백만 달러쯤 되었습니다.

게다가 날씨가 따뜻해 1년 내내 옥수수를 심을 수 있고, 가뭄이 들어도 밭마다 물 대는 시설이 잘 되어 있어 아무 걱정이 없었지요. 또 밭일을 도와줄 일꾼도 몇십 명이나 되었습니다.

김순권은 우선 병충해에 강한 옥수수 품종을 만들겠다는 목표를 세웠습니다.

위축 바이러스에 걸리면 옥수수는 이삭도 맺지 못하고 잎과 줄기가 무말랭이처럼 쭈글쭈글 말라 버립니다. 매문병도 한번 번지면 잎사귀가 허옇게 말라붙어 옥수수 밭이 '죽음의 밭'으로 바뀌어 버리지요.

이 때문에 농민들은 옥수수를 심고 싶어도 병충해가 무

서워 심을 수가 없었습니다. 그래서 농사짓기 쉬운 카사바를 주로 심었습니다. 카사바는 줄기를 땅에 꽂아 두기만 하면 가꾸지 않아도 잘 자랐거든요.

그런데 영양가가 별로 높지 않아서 카사바만 자꾸 먹으면 영양실조에 걸리기 쉬웠습니다. 게다가 카사바에는 몸에 나쁜 청산가리까지 들어 있어 식량으로 쓰기에는 적당하지 않았지요.

병충해만 아니라면 농민들은 카사바 대신 영양가 높고 맛도 좋은 옥수수 농사를 지었을 것입니다. 그렇지만 병충해 때문에 그런 옥수수는 그림의 떡일 뿐이었습니다.

김순권은 한국에서 챙겨 간 천 개쯤 되는 옥수수 종자를 교배해서 위축 바이러스와 매문병에 강한 품종을 찾기 시작했습니다. 우리 나라에서 개발한 옥수수 품종도 매문병에 강한 것이었기 때문에, 미리 풀어 본 문제가 시험에 나온 것처럼 쉬운 일이었습니다.

병충해를 이겨 내고 잘 자라나는 옥수수를 찾는 방법은 이렇습니다.

　먼저 수많은 옥수수 종자들을 밭에 심습니다. 그러면 곤충학자들이 병을 옮기는 곤충을 잡아 옥수수 속에 집어넣지요. 그러면 어떤 옥수수 종자는 병에 걸려 잘 자라지 못하고, 어떤 옥수수 종자는 끄떡없이 잘 자랍니다. 바로 잘 자라는 옥수수 종자를 찾아내면 되는 것이었지요.

　이 방법으로 김순권은 아프리카에 간 지 두 해도 안 되어 위축 바이러스와 매문병을 이겨 내는 새 품종을 개발하였습니다. 그리고 씨앗을 늘려 아프리카의 여러 나라에 나누어 주었지요.

　마침 그 옥수수 품종을 심은 해에 아프리카에는 위축 바이러스가 심하게 번지고 있었습니다. 그런데도 새 옥수수 품종만큼은 싱싱하게 잘 자랐습니다. 이 옥수수를 심은 농

민들은 수확을 많이 거둘 수 있었지요.

그런데 그 전부터 심던 씨앗을 심은 농민들은 옥수수 농사를 완전히 망치고 말았습니다. 그러자 농민들은 너도나도 새 씨앗을 구하러 '국제 열대 농업 연구소'로 몰려왔습니다.

"우리한테도 새 씨앗을 주십시오."

"씨앗을 못 구하면 돌아가지 않겠습니다."

씨앗을 달라고 아우성치는 농민들을 바라보며 김순권은 흐뭇했습니다.

'내가 한 가지 일을 해냈구나.'

못사는 나라 한국에서 온 별 볼일 없는 연구원이라고 업신여기던 선진국의 연구원들도 놀란 눈으로 김순권을 보기 시작했습니다. 은근히 샘을 내기도 했지요.

그렇지만 아프리카에서 굶주림을 몰아내는 기적을 이루려면 아직 갈 길이 멀었습니다. 수확을 많이 거둘 새 옥수수 품종을 개발해야만 아프리카에서 굶주림을 몰아낼 수 있을 테니까요.

김순권은 곧 수확을 많이 거둘 수 있는 품종을 개발하는 연구를 시작했습니다. 그런데 처음부터 어려움에 부딪쳤습니다. 선진국에서 온 다른 연구원들이 새 품종 개발을 반대했기 때문입니다.

"아프리카에서는 수확량이 많은 옥수수 품종 개발에 성공할 수 없습니다. 괜히 예산만 없애지 말고 연구를 그만두는 게 좋을 겁니다."

우리 나라에서도 이런 반대에 부딪힌 적이 있었지요. 가난한 나라에서는 새 옥수수 품종을 개발할 수가 없다는 똑같은 이유 때문이었지요.

"한국에서 이미 성공을 거두었습니다. 아프리카라고 성

공을 거두지 못하라는 법이 도대체 어디 있습니까?"

"한국에는 김 박사 같은 분이 있었고, 농민들이 농사를 잘 짓기 때문에 가능했습니다만, 아프리카에서는 안 됩니다."

이렇게 선진국의 연구원들이 많은 수확을 거둘 수 있는 옥수수 개발에 반대하는 데에는 그럴 만한 까닭이 있었습니다.

아프리카의 여러 나라들은 엄청난 양의 옥수수를 미국에서 수입하고 있었습니다. 그런데 새 옥수수 품종을 개발해서 더는 옥수수를 사들이지 않게 된다면 미국은 큰 손해를 보게 되는 것이지요.

더구나 '국제 열대 농업 연구소'는 미국, 영국, 독일, 일본과 같은 선진국에서 낸 돈으로 운영을 하고 있었지요. 그래서 선진국의 연구원들은 아프리카를 돕기는 하되, 선진국이 손해를 입지 않을 정도만 도와야 한다는 속셈을 가지고 있었습니다. 그러니까 도와주는 척만 하겠다는 것이었지요.

김순권은 반대를 무릅쓰고 새 옥수수 품종 개발에 몰두했습니다.

여러분도 이미 알고 있겠지만 새로운 품종을 개발하는 건 정말 어려운 일입니다. 옥수수 연구에서 가장 중요한 것은 얼마나 부지런히 실험을 하느냐입니다. 부지런한 농사꾼처럼 고되게 일을 해야 하고, 한 포기 한 포기 온갖 정성을 기울여야만 하지요.

우선 서로 다른 여러 종류의 옥수수 종자를 심어 교배를 시켜야 합니다. 그런데 무턱대고 교배를 시킨다고 해서 좋은 품종이 나오는 것은 아닙니다. 수천 번을 교배시키면 한두 개의 품종이 나올까 말까였지요. 그러니 그것을 찾아내는 일이 보통 어려운 게 아니지요.

김순권은 청바지에 점퍼를 입고 옥수수 밭에서 살다시피 했습니다. 한 해에 5만 번이던 옥수수 교배 횟수를 김순권은 50만 번으로 열 배나 늘렸습니다. 이렇게 하면 좋은 품종을 찾아낼 확률도 열 배나 늘어나게 되지요.

그러자니 열 배 더 걸어야 하고, 열 배 더 조사해야 하고, 열 배 더 교배를 시켜야만 했습니다. 발이 퉁퉁 붓고, 손이 부르트고, 밤잠도 제대로 잘 수 없었지요. 그렇지만 10년이 걸려야 찾아낼 수 있는 좋은 옥수수 품종을 1년 만에 찾아낼 수도 있으니, 그런 고생쯤은 얼마든지 견딜 수 있었습니다.

김순권은 정말 열심히 하는 데에는 선수였습니다.

다른 연구원들은 일곱 시 반에 출근해서 네 시 반이면 퇴근했습니다. 토요일과 일요일에는 쉬었고요. 그런데 김순권은 같은 시각에 출근해서 언제나 저녁 여섯 시까지 일했습니다. 집에서 저녁을 먹고 나서는 다시 연구실에 가서 한밤중까지 연구하는 일도 빠뜨릴 수 없었습니다.

토요일, 일요일도 쉬지 않았습니다. 교회에 다녀오는 시간 말고는 다른 날과 똑같이 옥수수 밭과 연구실에서 보냈지요.

이런 김순권이 이상해 보였는지 한 영국인 연구원이 물었습니다.

"김 박사, 다른 사람들은 다 쉬는 휴일에 왜 혼자 나와 일을 합니까?"

"하하하, 휴일이라고 옥수수가 자라지 않습니까? 옥수수는 하루하루 달라지는데, 휴일이라고 쉬면 어떻게 정확한 연구와 조사를 할 수 있겠습니까? 밭에서 옥수수가 자라는 동안은 나에게도 휴일이 없습니다."

영국인 연구원은 어이없다는 표정을 지었습니다.

김순권에게는 옥수수 씨앗으로 아프리카를 굶주림에서 벗어나게 하겠다는 꿈이 있었기 때문에 1분 1초의 시간이라도 헛되게 흘려보낼 수 없었던 것입니다.

　이런 정성과 노력으로 연구는 잘 진행되었습니다. 수확을 많이 거둘 수 있으면서도 병충해와 가뭄도 이겨 낼 수 있는 품종을 5백 개나 찾아냈으니까요.

　이제 시험 재배를 해서 정말 좋은 품종을 가려내기만 하면 되었습니다. 그런데 이 시험 재배도 만만치 않은 일이었습니다.

 ## 아프리카 옥수수의 아버지

　나이지리아는 땅 넓이가 우리 나라의 네 배에 이릅니다. 지역마다 날씨도 무척 차이가 나지요. 남쪽 지방은 비가 많이 내리는 밀림 지대이고, 북쪽 지방은 비가 별로 내리지 않는 건조 지대입니다. 그리고 중부와 동부 지방은 땅이 높은 고산 지대랍니다.
　같은 품종의 옥수수라도 날씨에 따라 잘 자라기도 하고, 잘 자라지 않기도 하지요. 그러니 날씨에 맞는 옥수수를 찾아내려면 온 나라에 골고루 시험 재배를 해 보아야 했습니다.

김순권은 온 나라를 돌아다니며 시험 재배를 하느라 눈코 뜰 새 없이 바빴습니다. 남쪽에 있는 시험장에서 북쪽에 있는 시험장까지 자동차로 열 시간이 넘게 걸렸지요.

나이지리아뿐만 아니라 카메룬, 코트디부아르, 가나, 토고 같은 옆 나라에 만든 시험장까지 가려면 스무 시간이 넘게 걸리는 일도 있었지요.

한 달에 보름이 넘게 차를 타고 돌아다녀도 늘 시간이 모자랐습니다. 게다가 그렇게 많이 돌아다니다 보니, 교통사고의 위험도 늘 도사리고 있었습니다. 교통사고로 죽을 뻔한 적도 여러 차례 있었지요.

교통사고보다 더 무서운 것은 말라리아였습니다. 아프리카 사람들은 잘 걸리지 않지만 외국 사람들에게 말라리아는 정말 무서운 병이었습니다.

건설 회사에서 일하던 어느 한국인은 말라리아에 걸려 사흘 만에 목숨을 잃기도 했습니다. 무척 건강한 사람이었는데도 말입니다.

 그 사람뿐만 아니라 외국인 가운데에는 말라리아로 목숨을 잃은 사람이 수없이 많았습니다. 우리가 잘 아는 슈바이처 박사도 말라리아로 숨을 거두었지요.

 말라리아가 무섭다는 것을 잘 아는 김순권은 예방 주사도 맞고, 출장을 떠날 때면 늘 말라리아 약부터 챙겼습니다. 그런데도 말라리아에 유난히 잘 걸렸습니다. 일주일씩, 열흘씩 돌아다니다 보면 몸이 피곤해지기 때문에 쉽게

병에 걸리게 되는 것이었지요.

가볍게 앓고 넘어가는 적도 있었지만, 오랫동안 정신을 잃고 깨어나지 못한 적도 여러 차례 있었습니다. 그럴 때면 '내가 왜 아프리카까지 와서 이 고생을 하고 있나?' 하는 생각이 들기도 했습니다. 당장 한국으로 돌아가고 싶은 마음도 생겼습니다. 그렇지만 그럴 때마다 이 머나먼 아프리카 땅에 온 까닭을 생각했습니다.

'내가 1분 더 고생하면 아프리카 인구 5억 명 가운데 5천 명이 배불리 먹게 될지도 모른다. 출장을 한 번 더 가면 아프리카에서 굶주림이 1년 먼저 사라질지도 모른다. 이까짓 말라리아에 질 수는 없지. 힘을 내자, 힘을 내!'

이렇게 몇 번이나 죽을 고비를 넘긴 끝에 드디어 아프리카에 맞는 새 옥수수 품종을 얻을 수 있었습니다. 이제 남은 일은 이 옥수수 씨앗을 늘려 농민들에게 나누어 주고 심게 하는 것이었습니다.

그런데 새 옥수수 품종은 나아지리아 농민들에게 환영받

지 못했습니다. 우리 나라에서 그러던 것처럼 옥수수 종자가 너무 작은 데다가, 농사짓기가 까다롭기 때문이었지요.

그래서 나이지리아 정부의 도움을 받아 150개 농가를 골라 옥수수를 심게 했습니다. 새 옥수수 품종은 많은 수확을 거둘 수는 있었지만, 기르기가 까다롭다는 게 흠이었습니다.

때를 잘 맞추어 씨를 뿌려야 하고, 거름도 듬뿍 주어야만 했지요. 그리고 틈날 때마다 잡초도 뽑아 주어야만 했습니다. 정성을 들이지 않으면 아무리 좋은 씨앗을 심어도 아무 소용이 없습니다.

김순권은 농민들을 찾아다니며 옥수수 기르는 방법을 하나하나 가르쳤습니다.

그런데 아프리카에서는 부지런한 농민을 만나기가 참 어려웠습니다. 기껏 다 가르쳐 주어도 옥수수를 비뚤비뚤 아무렇게나 심어 놓기 일쑤였습니다. 더군다나 거름을 주거나 풀을 뽑는 일은 아예 하려 들지도 않았습니다. 쫓아다니며 닦달을 해야 겨우 거름을 주고 잡초를 뽑았습니다.

'이대로 가다가는 아무것도 안 되겠어.'

김순권은 농민들을 모아 놓고 간절한 마음으로 얘기했습니다.

"여러분, 내가 일러 준 대로 옥수수를 심고 가꾸면 몇 해 안에 반드시 잘살게 됩니다. 그렇지만 일하는 게 귀찮아서 잘 가꾸지 않으면 영원히 가난에서 벗어나지 못합니다. 한국 사람인 나도 여러분을 위해서 이렇게 열심히 일을 하는데, 자기 밭의 농사조차 게을리 해서 되겠습니까? 우리 열심히 일해서 가난을 몰아냅시다."

농민들은 고맙다는 눈길을 보내며 고개를 끄덕였습니다. 눈물을 흘리는 사람도 있었지요. 아프리카 사람들은 무더운 날씨 때문에 게으르기는 하였지만, 세상 어디에서도 찾아보기 어려울 만큼 착하고 순진했습니다. 김순권은 착하고 순진한 아프리카 사람들이 어서 가난에서 벗어나 인간답게 살 수 있기를 바랐습니다.

어렵게 옥수수를 심고 가꾼 끝에 드디어 농가마다 옥수수 수확을 시작했습니다.

"이것 좀 봐! 옥수수마다 알갱이가 꽉꽉 들어찼어."

"이렇게 큰 옥수수는 처음이야."

수확을 마치고 보니 여느 해보다 두세 배가 많았습니다. 정말 큰 성공이었습니다. 농민들은 좋아서 입을 다물지 못했지요. 김순권은 기뻐하는 농민들을 보며 가슴이 벅차올랐습니다. 힘들었던 만큼 기쁨도 그만큼 컸습니다.

수확을 많이 거둘 수 있는 새 옥수수 품종의 성공으로 김순권 옥수수 연구팀은 '국제 농업 연구 대상'(벨기에 국왕

상)을 받았습니다. 농업 분야의 노벨상이라 할 수 있는 아주 큰 상이었지요.

나이지리아의 대통령은 새 옥수수가 새겨진 동전을 만들었고, 김순권을 '아프리카 옥수수의 아버지'라며 칭찬을 아끼지 않았습니다. 이제 나이지리아 사람들도 김순권을 '옥수수 박사'라고 부르기 시작했습니다.

그런데 이것으로 끝난 게 아니었습니다. 아프리카에서 배고픔을 몰아내기 위해서는 넘어야 할 산이 또 하나 있었습니다.

아프리카의 평야를 지나다 보면 드넓은 들판에 보랏빛 꽃이 활짝 피어 있는 것을 볼 수 있습니다. 멀리서 보면 꼭 보랏빛 코스모스가 가득 핀 들판처럼 아름답기 그지없지요. 그런데 가까이 다가가서 보면 꽃들 사이로 옥수수나 수수가 시커멓게 말라죽어 있는 모습을 볼 수 있습니다.

이 아름다운 보랏빛 꽃을 피우는 풀은 스트라이가입니다. 꽃은 더할 나위 없이 아름답지만, 아프리카 사람들은 이 풀을 '악마의 풀'이라고 하였습니다. 옥수수나 수수 같은 농작물을 죽게 하기 때문이었습니다.

　스트라이가는 옥수수나 수수, 벼, 조 같은 농작물 뿌리에 달라붙어 영양분을 빨아 먹고사는 풀입니다. 스트라이가에게 영양분을 빼앗긴 농작물들은 끝내 말라죽을 수밖에 없지요. 무엇보다 옥수수가 스트라이가에 가장 약했습니다.

　'악마의 풀'을 이겨 내지 않고서는 아프리카에서 옥수수 농사를 잘 지을 수 없었습니다.

　선진국 학자들은 스트라이가를 없애기 위해 백 년 전부터 엄청난 노력을 기울여 왔습니다. 연구비도 어마어마하게 쏟아 부었지요. 그렇지만 끝내 스트라이가는 없앨 수 없는 잡초라는 결론을 내리고는 연구를 포기하고 말았습니다. 그러니 스트라이가만 나타나면 옥수수 농사는 다 망친 것이나 다름없었습니다.

　'선진국 연구원들이 백 년 동안이나 연구를 했는데 어째서 스트라이가를 이겨 내는 품종 하나 개발하지 못했을까?'

　김순권은 스트라이가를 이겨 낼 방법을 골똘히 생각해

보았습니다.

'그래, 그건 연구 목표를 잘못 세웠기 때문일 거야.'

선진국의 연구원들은 스트라이가를 완전히 없애는 옥수수 품종을 개발하려고 노력했습니다. 김순권은 그것이 잘못되었다고 생각했습니다.

'모든 생물은 함께 살아야만 한다. 비록 사람에게 피해를 입히는 스트라이가라도 자연에서는 같이 살게 되어 있는 것이다. 그런데 완전히 없애려 하니까 문제가 생기는 것이다.'

자, 왜 이런 생각을 했는지 조금 어렵더라도 잘 들어 보세요.

선진국 연구원들은 스트라이가를 완전히 이겨 낼 수 있는 수수와 조 품종을 개발하려 했습니다. 그래서 여러 차례 연구 끝에 그런 품종을 찾아내기도 했습니다. 그런 품종을 심으면 절대로 스트라이가가 자라지 못했지요.

그런데 몇 해가 지나면 그 밭에 다시 스트라이가가 무성하게 자라났습니다. 처음 몇 해 동안은 스트라이가가 새 품종의 뿌리에 달라붙는 방법을 찾을 수가 없었습니다.

그런데 스트라이가 역시 그대로 있다가는 땅 속에 묻힌 채 싹도 틔우지 못하고 다 죽어 버릴 게 아니에요? 그러니 스스로 기를 쓰고서라도 새 품종에 달라붙는 방법을 알아내는 것이지요.

그렇게 몇 해만 지나면 스트라이가는 새 품종에 뿌리를 내리고 잘 살게 되는 것입니다. 모든 생물은 살아남기 위해 새로운 환경에 적응하며 살아가게 마련입니다. 그러지 못하면 멸종하고 말지요. 스트라이가는 새로운 환경에 유난히 잘 적응하는 식물입니다. 그래서 선진국 학자들은 오래도록 연구를 하고도 끝내는 실패하고 만 것이지요.

김순권은 그 사람들과 다르게 생각했습니다. 스트라이가를 완전히 없애지 말고 조금은 살게 해 줘야 한다는 것이었습니다.

그것은 우리가 맞는 예방 주사와 비슷한 원리입니다. 예방 주사는 아주 약한 병균을 우리 몸에 집어넣는 거예요.

그러면 그 병을 잠깐 동안 약하게 앓습니다. 그러고 나면 나중에 센 병균이 들어오더라도 우리 몸이 거뜬히 이겨 낼 수 있게 된답니다.

김순권은 이처럼 스트라이가를 완전히 이겨 내지 못해 처음에는 조금 시들시들해지지만, 나중에는 거뜬하게 이겨 내는 옥수수 품종을 찾아내려 한 것이었지요. 스트라이가에게도 살길은 남겨 주자는 것입니다.

그 생각은 옳았습니다.

김순권은 스트라이가 씨앗과 옥수수 씨앗을 함께 심어 놓고 몇 해 동안 연구에 연구를 거듭했습니다. 우선 스트라이가에 약한 옥수수는 볼 것도 없이 솎아내 버렸습니다. 그리고 스트라이가의 영향을 전혀 받지 않는 옥수수도 솎아 냈습니다. 얼마쯤 지나면 이런 옥수수는 스트라이가에 지고 말 테니까요.

김순권이 골라낸 옥수수는 스트라이가의 영향을 조금은 받는 품종이었습니다. 이런 품종들은 처음에는 스트라이가 때문에 시들시들하지만, 자랄수록 스트라이가를 이겨 내며 싱싱함을 되찾아 갑니다. 꽃이 피고 이삭이 맺힐 때쯤이면 아무런 영향도 받지 않은 옥수수와 거의 똑같아지지요. 게다가 몇십 년이 지나도 스트라이가는 그 이상 영향을 주지 않습니다. 스트라이가도 아주 조금 살게 해 주니까 만족하는 것이지요.

이 연구는 지금까지 해 온 어떤 연구보다 어려웠습니다. 50만 그루의 옥수수에서 스트라이가와 함께 사는 옥수수를 골라낸다는 것은 컴퓨터가 한다 해도 쉽지 않은 일이었지요.

그렇지만 옥수수 박사 김순권은 아무도 따라잡지 못할 끈기와 노력으로 끝내 악마의 풀 스트라이가를 이겨 낼 여러 옥수수 품종을 찾아냈습니다. 이 품종들은 스트라이가만 이겨 내는 게 아니라, 위축 바이러스와 매문병도 이겨 낼 수 있었고, 가뭄에도 강했습니다. 많은 수확을 거둘 수 있는 것은 말할 나위도 없고요. 정말 모든 문제가 해결된 옥수수였습니다.

그래서 이때 개발한 두 품종에 오바슈퍼 1호, 오바슈퍼

2호라는 이름을 붙였습니다.

'오바'란 왕이라는 뜻입니다. '오바'에 '슈퍼'까지 보태어 이름을 지을 만큼 새 옥수수 품종은 엄청나게 뛰어났습니다.

오바슈퍼 1호와 2호의 개발로 아프리카에는 옥수수 바람이 불었습니다. 악마의 풀 스트라이가와 병충해 때문에 옥수수를 심을 엄두도 못 내던 농민들은 앞 다투어 오바슈퍼 옥수수를 심기 시작했습니다. 옥수수 농사를 잘 지으면 그 전까지는 상상도 못 한 큰돈을 손에 쥘 수 있었지요.

수수와 조, 카사바를 심던 밭은 옥수수 밭으로 바뀌었고, 수입한 밀을 도정하던 공장이 옥수수 도정 공장으로 바뀌기도 했습니다. 수입 밀로 빵을 만들던 공장들은 옥수수 가루로 빵을 만들었고, 옥수수로 맥주를 만들기까지 했습니다.

이렇게 나이지리아를 비롯한 아프리카의 여러 나라들에서 옥수수는 가장 중요한 농작물이 되었습니다.

오바슈퍼 1호, 2호를 비롯해서 '국제 열대 농업 연구소'에서 개발한 옥수수가 아프리카 대륙에 가져다준 이익은 참말 어마어마했습니다.

스트라이가와 병충해 때문에 입었던 손해가 줄어든 것은 말할 것도 없고, 거두어들이는 옥수수 양이 엄청나게 늘어났습니다. 옥수수 밭도 그 전보다 두 배가 넘게 넓어졌지요. 해마다 미국에서 백만 톤의 옥수수를 수입하던 나이지리아는 더는 옥수수를 수입하지 않게 되었습니다. 옥수수 생산이 6백만 톤이나 늘었으니까요. 오히려 옥수수를 다른 나라에 팔 생각까지 하게 되었습니다.

영양가 없는 카사바를 주로 먹던 사람들의 식탁에도 옥수수가 자주 오르내렸습니다. 또, 나이지리아의 여러 곳에 옥수수를 사고 파는 시장도 생겼습니다. 김순권 박사는 시장에서 옥수수 판 돈을 세는 농민들을 보면 가슴이 뭉클해지기도 했습니다. 그리고 '내가 정말 해냈구나.' 하는 생각이 들었지요.

이제 아프리카에는 굶주리는 사람들이 사라지고 있었습

니다. 아프리카에 올 때 품었던 꿈이 17년 만에 이루어진 것입니다.

지금까지 김순권 박사는 노벨상 후보에 다섯 차례나 올랐습니다. 비록 노벨상을 받은 것은 아니었지만, 다섯 차례나 후보에 올랐다는 것은 온 세계가 김순권 박사의 옥수수 연구를 훌륭하다고 인정했다는 것을 뜻하지요.

자, 이제 김순권 박사가 아프리카의 추장이 된 이야기를 할 때가 되었군요.

눈치 빠른 친구들은 벌써 다 알아차렸을 거예요. '옥수수로 아프리카에서 굶주림을 몰아냈기 때문에 추장이 된 거로구나.' 하고요.

그래요. 나이지리아에서는 아프리카를 위해 좋은 일을 한 사람에게 명예 추장 자리를 준답니다. 명예 추장은 진짜 추장처럼 마을을 다스리지는 않지만, 나이지리아의 모든 사람들에게 커다란 존경을 받지요.

정말 김순권 박사는 아프리카를 위해 참 큰일을 했습니

다. 아프리카에서 굶주림을 몰아내려고 온 마음과 정성을 다 기울였지요. 그리고 끝내는 기적의 옥수수를 개발해 냈습니다.

김순권 박사가 명예 추장이 된 것은 어쩌면 당연한 일이었습니다.

명예 추장에는 여러 가지가 있는데, 김순권 박사는 '마이에군'이라는 추장이 되었습니다. 마이에군이란 '가난한 사람들을 배불리 먹인 사람'이라는 뜻입니다. 김순권 박사가 한 일에 걸맞은 이름이었지요.

그리고 얼마 뒤에는 이니샤 마을에서 또 한 번 명예 추장이 되었습니다. 이번에는 '자군몰루'라는 이름을 받았습니다. 자군몰루는 '위대한 뜻을 이룬 사람'이라는 뜻입니다. 이 역시 아프리카에서 굶주림을 몰아내는 큰 뜻을 이루었기에 이런 이름을 준 것이었지요.

자, 이제 한국 사람인 김순권 박사가 아프리카의 추장이 되었다는 게 하나도 이상하지 않지요?

 남북을 잇는 사랑의 옥수수 씨앗

 아프리카에서 새 옥수수 품종을 개발해 큰 성공을 거두었으니, 이제 김순권 박사는 편히 지낼 법도 했습니다. 어느새 나이도 쉰을 훌쩍 넘어가고 있었지요. 그렇지만 쉴 수는 없었답니다.
 북한 동포들이 굶주리고 있다는 소식이 들려왔거든요. 2년째 큰 홍수가 나서 수확을 제대로 거두지 못했기 때문이었지요. 논밭이 물에 휩쓸려 나가 농사를 지을 수 없게 된

땅도 많았습니다. 그래서 해가 바뀌어도 북한 동포들은 여전히 굶주리고 있었지요.

우리 나라 사람들은 누구나 마음 아파했습니다. 그래서 돈이나 쌀을 내어 북한 동포를 돕는 일에 나서기도 했지요. 북한 소식을 들을 때마다 김순권 박사는 더욱 마음이 아팠습니다.

북한 동포들, 특히 가난한 농민이나 노동자들은 주로 옥수수를 먹고 삽니다. 우리가 주로 쌀을 먹고 살듯이 말입니다. 또한 북한에서 가장 많이 심는 농작물은 옥수수입니다. 벼보다도 더 많습니다. 옥수수를 연구하는 김순권 박사의 마음은 더 아플 수밖에 없었지요.

'북한 땅에 맞는 새 옥수수 품종을 개발한다면, 굶주림을 얼마든지 몰아낼 수 있을 텐데……. 동포의 배고픔조차 해결해 주지 못하면서 다른 어떤 일을 할 수 있겠는가?'

김순권 박사의 머릿속에는 늘 이런 생각이 떠나지 않았습니다.

그러던 어느 날, 경북대학교에서 연락이 왔습니다. 경북대학교에 '국제 농업 연구소'를 만들려 하니, 그곳에 와서 옥수수 연구를 해 달라는 것이었습니다.

이런 제안은 아프리카에 머문 17년 동안 여러 차례 있었습니다. 경북대학교뿐만 아니라, 하와이 대학을 비롯하여, 미국의 종자 회사나 여러 연구소에서 교수나 연구원으로 오라는 제안들이었지요. 그렇지만 김순권 박사는 그때마다 거절했습니다. 오바슈퍼 1호와 오바슈퍼 2호 옥수수가 아프리카 땅에 완전히 뿌리내리게 하는 일을 끝까지 마무리 짓고 싶었거든요.

그런데 이번 경북대학교의 제안은 김순권 박사의 마음을 흔들어 놓았습니다.

'옥수수 박사인 내가 북한을 돕지 않는다면, 누가 돕겠는가? 그래, 조국으로 돌아가서 북한 동포를 살려 낼 슈퍼 옥수수를 개발해 내자.'

김순권 박사는 서둘러 돌아갈 채비를 했습니다.

그러자 나이지리아의 전 대통령까지 나서서 김순권 박사

를 돌아가지 못하게 말렸습니다.

"김 박사가 돌아가면 이제 막 시작된 아프리카의 옥수수 농사를 누가 책임지겠습니까?"

"맞습니다. 김 박사는 아프리카에 꼭 필요한 분입니다. 돌아가지 마십시오."

김순권 박사도 그 동안 아프리카에서 쏟아 부었던 땀과 노력, 아프리카 사람들이 걸고 있는 기대를 생각하면 선뜻 떠날 수가 없었습니다.

'그렇지만 이제 아프리카에는 적어도 굶어 죽는 사람은 없다. 오바슈퍼 옥수수를 지금보다 더 널리 심게 하는 일은 조국에 돌아가서도 할 수 있는 일이다. 지금은 먹을 것이 없어 죽어 가는 북한 동포를 구해야 한다.'

이렇게 생각한 김순권 박사는 1995년 11월, 조국으로 가는 비행기에 몸을 실었습니다.

경상북도 군위와 칠곡에는 경북대학교의 옥수수 농장이 있습니다. 지금 그 농장에는 시험용 옥수수가 무럭무럭 자라고 있습니다. 북한의 모자라는 식량 문제를 해결하려고 김순권 박사가 심어 놓은 옥수수들이지요.
 1999년에 김순권 박사는 강원도 땅에 맞도록 개발한 옥수수를 북한의 농촌에도 심었습니다. 그리고 시험장 여덟 곳에 6천 종쯤 되는 새로운 옥수수를 심었습니다. 북한의 여러 지역에 알맞은 슈퍼 옥수수를 찾아내기 위해서입니다.

이 일이 성공을 거둔다면, 북한 동포들은 아마 굶주림에서 벗어나게 될 것입니다. 그렇게 되면 통일이 앞당겨질 수도 있습니다. 남한과 북한이 서로 돕다 보면, 틀림없이 사랑하는 마음이 싹트게 될 테니까요.

김순권 박사는 요즘 눈코 뜰 새 없이 바쁘답니다.

경북대학교에서 학생들을 가르쳐야 하고, 칠곡 농장에서 새 옥수수 품종도 개발해야 합니다. 그리고 오바슈퍼 옥수수를 잘 재배하고 있는지 아프리카에도 가 보아야 합니다. 무엇보다 큰일은 북한 땅에 맞는 새로운 슈퍼 옥수수를 시험 재배하는 것입니다. 그러자면 북한에도 자주 드나들어야 합니다. 정말이지 손이 열 개라도 모자라고, 하루가 마흔여덟 시간으로 늘어나도 시간이 모자랄 지경입니다.

그렇지만 김순권 박사의 마음은 기쁨으로 가득 차 있습니다.

자신의 손으로 개발한 한 알의 옥수수 씨앗이 굶주림에 허덕이는 북한 동포에게 희망을 줄 수 있을 테니까요. 그리고 그 한 알의 옥수수 씨앗이 남한과 북한을 하나로 이어주는 사랑과 통일의 씨앗이 될 수도 있을 테니까요.